岭南文化读本

陈建文　主编

陈忠烈　著

岭南
民俗文化

LINGNAN
MINSU WENHUA

广东人民出版社
·广州·

图书在版编目（CIP）数据

岭南民俗文化 / 陈忠烈著. —广州：广东人民出版社，2023.6
ISBN 978-7-218-16397-0

Ⅰ．①岭…　Ⅱ．①陈…　Ⅲ．①风俗习惯—研究—广东　Ⅳ．①K892.465

中国版本图书馆CIP数据核字（2022）第252685号

LINGNAN MINSU WENHUA
岭 南 民 俗 文 化
陈忠烈　著

出 版 人：肖风华

责任编辑：黎　捷　梁　晖
装帧设计：琥珀视觉
责任技编：吴彦斌　周星奎

出版发行：广东人民出版社
地　　址：广州市越秀区大沙头四马路10号（邮政编码：510199）
电　　话：（020）85716809（总编室）
传　　真：（020）83289585
网　　址：http://www.gdpph.com
印　　刷：广州市人杰彩印厂
开　　本：787毫米×1092毫米　1/16
印　　张：17.5　　字　　数：240千
版　　次：2023年6月第1版
印　　次：2023年6月第1次印刷
定　　价：89.00元

岭南文化读本

主　编　　陈建文

副主编　　崔朝阳　　王桂科

前　言

　　展开中国地图，在广东、广西的北部，江西、湖南的南部有一条延绵千里的大山脉——南岭山脉。南岭山脉从东到西横亘着五条高峻的山岭：大庾岭、骑田岭、萌渚岭、都庞岭、越城岭，俗称"五岭"。五岭以南大片寥廓的区域，自远古以来就被笼统地称为"岭南"。岭南这一方水土，其实包括了今天广东、广西、海南三省（区）和香港、澳门两个特别行政区。

　　远古的"岭南"，是一片很宽泛的地域，时人只知道五岭之外就是海洋，又把"岭南"称为"岭海"；因为岭南是族群很复杂的百越民族的原居地，秦汉之交，这里曾经有过地方政权南越国，故又有"南越"之称。一方水土养一方人，古代士民越岭而南，必定会看到一片自然环境、风俗习尚与中原和江南地区大不相同的"异域"，岭南风物便是很抢眼球的热门。汉初陆贾大夫两次出使南越，留下的《南越行记》，是目前已知的第一部记述岭南事物的专书，但原书早已湮没，从据说是陆贾留下的片言只语，可以推测他曾经对岭南的奇花异果深感兴趣，可能也留意到岭南人热衷于引进新事物和爱花的风俗吧。东汉，定居番禺的北方移民杨孚写下了《异物志》，记载岭南物产，此书至宋代散佚，清代有人再辑录成卷，这是迄今可见的广东人第一部记载岭南物产的专著。杨孚在介绍岭南物产的同时，也间及岭南民俗。但是，在很长的历史时期中，岭南民俗都不入传统文人的法眼。他们写到岭南民间风俗的时候，往往以文明程度相对较高的中原和江南地区为参照系，将其视为文明的"内里"和"中心"，又把岭南称作"岭表"或"岭外"。唐代刘恂的《岭表录异》、南宋周去非的《岭外代答》这类"代表作"，就记录了不少岭南特异的"蛮风土俗"。明清广东地方志开"风俗"专章，涉及地方民俗的文人笔记也渐多，但大多辑录前说，沿承旧著，陈陈相因，笔下的岭南民俗大都了无生气，聊备具文而已。民俗并没有升堂入室，进入学术殿堂。

民初，粤东钟敬文等前辈引进现代民俗学理论，开了岭南民俗研究的先河。经过几代人的努力，民俗学的学科建设与时俱进，成果丰硕。20世纪80年代改革开放以来，中山大学、暨南大学、广东省社会科学院等院校协同一批国际知名学者，对岭南展开实地考察研究。我有幸参与其中，背起行囊，上山下乡，行走田野数十年，亲身领略岭南的人间烟火和乡土气息，对岭南民俗有了一番新的感悟。21世纪之初，我更有幸作为广东省非物质文化遗产保护工作者，参与广东省的非物质文化遗产保护事业，并专注于民俗类项目。我国的非物质文化遗产划分为民间文学、传统音乐、传统舞蹈、传统戏剧、曲艺、传统体育游艺与杂技、传统美术、传统技艺、传统医药、民俗十大类。经过十多年的努力，广东已经是我国的"非遗大省"了，至2022年广东共有非遗项目818项，其中数量居前两位的是传统技艺类202项、民俗类181项。我们看到岭南民俗非物质文化遗产保了很多在远古中原已经失落的文明，岭南人的天性也使民俗呈现出固有的特质，民间文学、传统音乐、传统舞蹈、传统戏剧、曲艺、传统体育游艺与杂技、传统美术、传统技艺等非物质文化也参与到民俗演绎的进程之中，使到岭南民俗异彩纷呈，活色生香，广东的民俗类非物质文化遗产，其实是居于"一哥"的位置。非物质文化遗产保护工作的辉煌成果，使岭南民俗得到前所未有的全息显示，令人耳目一新，岭南民俗研究的优秀成果更是爆发式地呈现，粲然可观。当《岭南文化读本》丛书中《岭南民俗文化》的写作任务落到我头上时，我真有点战战兢兢汗不敢出，觉得再难写出令读者满意的读本。但是，我在田野实地考察的学术锻炼和非物质文化遗产保护工作的经历，使我体验到岭南民俗是有筋、有骨、有肉、有灵的，我可以把自己的历练所得和感受同读者们分享，于是就斗胆写出了这本小册子。

　　还有一点要说明：广东人讲起"岭南民俗"往往只讲自己脚下的那片土地，究其原因，一则故土情深，谁不说俺家乡好；二则明清以来珠江三角洲和韩江三角洲全面开发，广东成了华南经济文化的首善之区，对岭南民俗起着引领风潮，率先垂范的作用，广东民俗被视为岭南民俗之"代表"。加之广西和海南的民俗研究，需要有民族学学养的支持，我还没有这等本事。所以，我也沿承老例，这小册子就只说广东了。

　　好啦，就此打住，请大家随我云游岭南，采风问俗去也！

目　录

一、岭南民俗概述：
从"蛮风土俗"
到"海滨邹鲁"

在交通不便的古代，南岭山脉的五岭犹如一道道天然屏障，在一定程度上阻碍了岭南同岭北的经济文化交流，岭南地区开发较晚，经济文化发展和文明开化都比中原以及江南地区慢了半拍。

远古的岭南原始森林密布，天南地尽就是浩瀚的南海，域内气候湿热，水网纵横，瘴气弥漫，瘟疫肆虐，曾被视为"蛮荒之地""烟瘴之区"。原居此地的先民是百越民族，没有文字，族群和部落之间喜好攻击，在正统皇朝的眼中，越人的文明程度还处在"蛮夷"的阶段，其风俗是"蛮风土俗"。远古岭南由于地域辽阔，族群复杂、不相统属，"风"和"俗"也各有差异，但有些特异的民俗事象，曾被视为越人的共同特征。

（一）远古岭南民风民俗

1. 向为人所触目的，莫过于岭南人的食风

在没有文字记载的蒙昧时代，远古岭南的食风可以在考古中看到些端倪。散布各地数不胜数的"贝丘遗址"，在考古发掘的地层中，蚌、螺、蛤、蚶等的壳堆积成一层层小山丘，这是百越先民吃各种咸淡水贝类留下的空壳。在他们生活过的遗址考古中，还多出土鱼、鳖、龟、蛙等水产和各种小型陆生动物的遗骨。贝丘遗址是古越人用餐后的"厨余垃圾"堆积，从中可见越人有嗜食水产的习俗。

岭南的江河和沿海水产资源丰富，捕捞足供食用，河鲜、海鲜至今仍是广东人餐桌上的佳肴。史称岭南人有"不火食者"，可能古时很多生猛的河鲜、海鲜就是生吃的，这种"嗜生"的吃法，现在岭南有些地方仍在沿承。至于蛇虫鼠蚁，动蛰飞潜，皆可入馔。例如，汉代文献《淮南子·精神训》说："越人得髯蛇，以为上肴。中国得而弃之无用。"后人注解："髯蛇，大蛇也，其长数丈。"髯蛇可能就是岭南热

佛山市高明区古椰贝丘遗址的贝壳分布层

古椰贝丘遗址出土被食用过的鱼骨、龟甲及其他小型动物遗骨
（佛山市高明区博物馆提供照片）

带山林的大蟒蛇，中原人望而却步，但越人却视之为上等菜肴。至20世纪30年代，广州专营蛇菜的店铺有10多家。又如，苏东坡在惠州曾经见过当地人吃活生生的初生幼鼠，还有吃蚂蚁卵的风俗。至今，用蚂蚁卵制作的食品在粤西仍是不可多得的美食。到19世纪，广州十三行商人招待外国商人的家宴还出动过老鼠肉煲和猫、狗肉煲，西洋人中竟也有人学会品尝这类异域之味。

岭南古越还有一种特异的食风，就是嗜食槟榔。嗜食槟榔的古越风俗，广布于中国东南沿海和东南亚，由来已久。据说，食槟榔可以消食和抵御岭南的瘴气，故此风历久不衰。宋时，广州"不以贫富长幼男女，自朝至暮，宁不食饭，唯嗜槟榔。富者以银为盘置之，贫者以锡为之"。明中叶安徽人叶权在《游岭南记》记载，"广人以槟榔为上品，一切行礼必用之。客至，必出槟榔、蒌叶、蚬灰（后两物是吃槟榔的配料）"。叶权初到，主人就递了一口过来，叶权刚入口，立时感到"辛辣过于姜芥，眼中泪欲出"，再不敢问津，但广人却视为无以尚之，非此不乐。

明清间番禺人屈大均讲到槟榔是岭南的大宗商品，遍售于东、西两粤，嗜食槟榔各地皆然。他本人嗜食槟榔，并且写下了一段赞颂槟榔食后境界的美文："盛之巾盘，出于怀袖，以相酬献。入口则甘浆洋溢，香气熏蒸。在寒而暖，方醉而醒。既红潮以晕颊，亦珠汗而微滋。真可以洗炎天之烟瘴，除远道之渴饥，虽有朱樱、紫梨，皆无以尚之矣。"可见他对槟榔着迷了。晚清，洋人上广州的茶楼，看到茶桌之上除了名茶美点之外，还有用青蒌叶包卷的槟榔，拿起来就可以吃，还有一碟捣碎的槟榔，随人自量。嗜食槟榔之风可谓根深蒂固。

敬送槟榔，在越人日常生活中还是一项隆重的礼仪。"一切行礼必用之"，尤其是用作缔结婚姻的聘礼。我手上有一份民国初年的嫁妆礼单，随嫁礼物中有槟榔和切割槟榔的利器。屈大均说："女子既受槟榔，则终身弗贰。"槟榔作为古代越人定情订婚的信物，在明清广东笔记和各地方志"风俗"篇中多有记载，如民国《增城县志》"风俗"篇

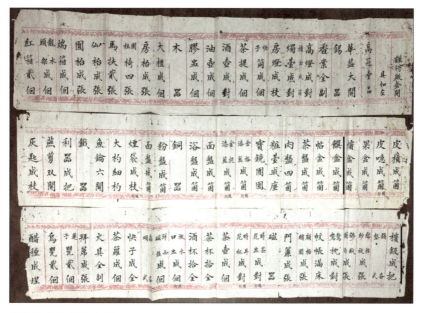

民国初年的嫁妆礼单

有云："婚姻择偶不论财，其贫者或只具茗酒及槟榔为聘。"此礼贫者不免。明清以来，西风东渐，烟草成了新的嗜好品，槟榔逐渐淡出越人的社会生活，但现在岭南部分少数民族中仍存此风，在汉族地区仍可在童谣中听到它的余音：月光光，照地堂，年卅晚，摘槟榔……

提起这些吃的风俗，在古代很容易就被同"夷蛮"食性相关联，至于岭南人"不文"食相的记录，在历代文人笔记中更是不绝于书。这种特异的食风，是岭南地理环境、自然资源、饮食文明同中原差异所造成的。在岭南民俗活动中，"吃"从不缺席。在传承过程中，也或多或少地造就了岭南人敢于"第一个吃螃蟹"，敢为人先尝试新事物的人文气质。

2. 习于水斗，善用舟楫，这是越人一个很突出的特性

岭南江河密布，濒临南海；珠江三角洲未开发之前，也是大片浩瀚的水域，有"水国"之称。《越绝书》称东南沿海的越人"以船为车，

以楫为马，往若飘风，去则难从。锐兵任死，越之常性也"。越人出门见水，以舟楫战斗、讨生活、娱乐，早就发明和使用各种形制的江海舟楫。

迄今发现较早的越人泛舟的形象记录，是珠海市高栏岛宝镜湾的岩画。高栏岛位于珠江的出海口，面对浩瀚的南海，在古代是长于舟楫的越人最惬意的生活环境和活动舞台。这些岩画中，创作最早的距今约4000年，较晚近的距今也有两三千年了，说明越人在这里生活了很长时间。

根据梁振兴、徐恒彬两位考古学老前辈的解读，其中大坪石岩画的中心是一条大海船，尖翘的船首有像是"龙头"的装饰，一大群人和动物围绕着这条船，手舞足蹈，欢腾雀跃，似乎是出航前或海归后祝祷的热闹场景。

宝镜湾藏宝洞东壁的岩画，海上排列着四条大海船，船的两头尖翘，船底是海浪波纹，波浪上有云雷纹，似乎海面上正云生浪涌。画面上有人物、动物、山石、树木、藤蔓和岭南特有的干栏式建筑，看起来像是一处海船停泊的港口。船中站立一人，头上插着羽毛状饰物，陆地上有人戴着牛角在起舞，人们在为海洋活动舞蹈和祭祀。

我们从这些岩画中可以窥见远古越人早已具备了不畏惊涛骇浪，勇于大海弄潮的海洋文化基因。

广州南越王墓出土的一件铜提桶，环绕提桶一周刻画着四艘船，船上的水手个个头戴长长的羽冠，上身赤裸，下身穿带羽的短裙，有的手持越式短剑和斧钺，有的击鼓鸣钟，有的翩翩起舞。看铜提桶纹饰同宝镜湾岩画有似曾相识的感觉。考古发现，青铜器上这类头戴夸张羽冠、身着羽饰驾船竞渡的"羽人"装饰图案流行于中国东南沿海江浙、广东、广西和越南北部地区。这些人是古越先民。有研究者说画面反映先民是海洋大战凯旋祝捷，也有研究者说先民是在进行隆重的海祭。更仔细看看，船上有海鸟，船前后的水中畅游着海鱼、海龟。这种尖底昂首的船是海船，可能还有甲板、隔舱、舵、橹、锚等当时很先进的造船设

珠海高栏岛宝镜湾（梁
振兴提供照片）

宝镜湾大坪石岩画（梁
振兴提供照片）

宝镜湾藏宝洞东壁岩画
（梁振兴提供照片）

广州南越王墓的铜提桶船纹

广西出土的铜鼓船纹

越南出土的铜器船纹

计和技术装备，可以航深涉远。

　　除了民间擅长舟楫，南越国造船业也可以从广州秦汉造船工场遗址中窥其大概。南越国不单有官营的大型造船业，对海洋交通与海外贸易也有了一定的管理体制，海上交通网远达印度洋。古越人是最早参与南海海洋经略的一批人，得海洋开放风气之先，养成了开拓的视野、包容豁达的胸怀。至今，岭南民俗活动仍有不少是以海洋为舞台。

　　我曾经听已故的历史学家蔡鸿生教授说，世界上大多数民族是从陆地走向海洋，但是岭南沿海人民可能是个例外，他们是从海洋走向陆地。岭南在开发的历史进程中，是向海洋要陆地。沿海不断有沙田浮露出水面，被先民围垦成良田，这是岭南沿海地区土地拓展的主要模式。

上岸陆居务农务工的先民成了国家有户籍的"编户齐民"，但仍有很多百越先民世居江河湖海，浮家泛宅，依然在水国之中以舟楫为食、讨生活。这些人后来就被称为"疍民"了，因以舟楫为家，也称"疍家"。关于疍民的来历，众说纷纭，至今莫衷一是，不过大家公认的是：疍民，直到新中国成立前还没有从海洋走向陆地，他们还保留着比较浓厚的古越水居族群的风俗。我在下文的有关章节，再请他们出来见面。

3. 拔牙习俗，椎髻断发文身

古越先民有拔牙的习俗。在珠江三角洲的贝丘遗址中多有发现，在佛山河宕新石器时代78座墓葬的23个遗骸中，发现有19个施行过人工拔牙的仪式，占了八成以上。在我国香港、台湾地区也发现有拔牙风俗。从各地考古发现，拔牙都有一定的规制，拔牙的齿位多在口

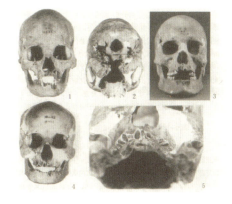

佛山河宕遗址所见的拔牙习俗（照片摘自广东省博物馆编《佛山河宕遗址》）

腔的上颌，所拔的齿种多是正面或侧面的门齿。拔牙多在20多岁开始，这说明拔牙是古越人一种约定俗成的风习。凿齿拔牙本来就很痛苦难熬，古越人为何偏偏自寻苦吃呢？有研究认为，这种仪式的象征意义之一就是古越人的"成丁礼"，表示男女青年通过拔牙仪式经受痛苦的考验，成为氏族的正式成员，担当起成人责任。

椎髻和断发文身，自古被看作是越人的标准扮相。椎髻的发式和装饰，就是一撮之髻，其形如椎。椎髻不仅多见于文献记录，在考古发现中也不乏佐证。珠江三角洲和香港等地出土的青铜器纹饰上都发现过椎髻的形象。"断发"历史文献也作"被发""剪发"。汉代文献《礼记·王制》说："东方曰夷，被发文身，有不火食者矣。"孔颖达疏

曰："越俗断发文身，以辟蛟龙之害，故刻其肌，以丹青涅之。"《淮南子·原道训》更作了进一步的注解说："被，剪也；文身，刻画其体，内墨其中，为蛟龙之状以入水，蛟龙不害也，故曰以象鳞虫也。"古越人断发文身，就是模仿蛟龙等"鳞虫"的扮相，以为出入水中时可以避免蛟龙（其实是水中攻击性生物）的伤害，有图腾崇拜的含义。明清之间番禺人屈大均说，他那个时代的珠江三角洲疍民还"以其入水辄绣面文身以象蛟龙之子，行水中三四十里，不遭物害"。此说虽有夸张，但他说的这种大异于中原传统的扮相和衣装体制风俗，还部分存在于当时岭南的一些族群之中，这是事实。

对江河湖海"蛟龙"的尊崇和敬畏，使得后来的岭南人在"龙"的风俗文化演绎上尤其虔敬，同"龙"有关的民俗活动也特别丰富多彩，其他地区少可企及。

4. 敬鬼神，多淫祀

古代岭南民间共通的风俗大概要算鬼神信仰。《史记》称"越人俗鬼"，《宋史》说岭南"大率民婚嫁、丧葬、衣服多不合礼。尚淫祀，杀人祭鬼"。就是指岭南风俗喜好鬼神之事，所谓"淫祀"就是不祭祀国家"祀典"认可的正统神灵，不遵从中原的礼法和祭祀典章，私底下奉祀地方土神之风淫滥。岭南民间祭祀诸神之时，自然也少不了对祖宗神灵的尊崇和礼拜，以故在后来中原宗族制度普泛岭南之后，岭南人对祖先慎终追远最为虔敬。

越人祭祀鬼神带有很强的愉悦性，在取悦鬼神的同时，各种技艺纷呈，大众尽情享受，娱乐一番。这种风俗对岭南民间社会有深刻的影响，也给很多民俗事象打上了浓厚的烙印。

5. 岭南女性社会地位较高

百越民族仍保留着母系氏族社会的遗风，对女性特别尊崇，远古岭南女性社会地位较高，个性相对自立；她们从事各种劳作，甚至"经营于外"来往墟场从事商业；女性参与社会活动多不受拘束，婚姻比较自由，有些还能"自择婿"。唐代岭南人无问贫富之家，女儿都不学针线女红，但能煮得一手好菜，即为好女。以故谈婚论嫁的时候，竟向对方说自家女儿"裁袍补袄，即灼然不会，若治水蛇黄鳝，即一条胜似一条矣"。北人眼中的笑话，恰恰说明岭南女性少有儒家"三从四德"的"闺范"。岭南女性中出过百粤首领，出过女歌仙，岭南民间信仰系统中的女神也特别多。

在岭南融入王朝统治的过程中，岭南女性不断受到封建礼法的浸润，但始终或多或少保留着古越民族的个性。清代珠江三角洲女性"不落家""自梳女"风俗风靡一时。乾隆年间，珠江三角洲经济鼎盛，卷进了世界贸易的大潮，自梳女成了珠江三角洲蚕桑丝业的主力军，为珠江三角洲社会经济发展作出过巨大贡献。珠江三角洲民间对自梳女有特殊的敬称，年长的称为"姑婆"，年轻的称为"姑"，把她们的身份提升到同祖父、父亲平级。已婚女子也不例外，并没有躲在家中相夫教子的积习。有一首乾隆年间的顺德龙山竹枝词，借已婚女子之口歌唱时事："呼郎早趁大岗墟，妾理蚕缫已满车。记问洋船曾到几，近来丝价竟何如？"在其他地方女性还在深闺不预外事的时代，珠江三角洲的女性已经关注到家庭收入盈缩同国际丝价涨落的关系了，且不忘叮嘱丈夫留意价格的升跌。这些岭南女性的民俗文化现象，都是有它的历史渊源的。

6. 岭南人善歌

善歌，可以说是百粤先民与生俱来的天性。歌唱是一过性的艺术，我们今天已经无缘得听古越歌声，但是在历史文献中仍然可以感受到岭南人同歌唱的不解之缘。屈大均说"粤俗好歌"，他在《广东新语》的"粤歌"长篇中记录了岭南各地各民族善歌的风俗，他笔下呈现的古越男女老少在山崖水畔、平畴沃野，喜怒哀乐、恋爱嫁娶、渔农劳作、节庆佳日，月下灯前，无不以歌声相随。

屈大均笔下的歌仙刘三妹，就是后来歌仙刘三姐的最初范形。刘三妹相传为岭南始造歌之人，她通晓各民族语言，"尝往来两粤溪峒间，诸蛮种类最繁，所过之处，咸解其言语"。她一唱歌，"粤民及傜、僮诸种人围而观之，男女数十百层，咸以为仙。七日夜歌声不绝。俱化为石，土人因祀之于阳春锦石岩"。以后各族的歌手但凡有新作歌本，都要奉献一本收藏在锦石岩，歌本居然积压了几箩筐，谁要学歌就到这里来抄录。这个浪漫的民间故事，足见古代岭南歌风。

这些自然都是"蛮歌"，但屈大均记录的很多古代歌词，"令人感泣沾襟，其短调蹋歌者，不用弦索，往往引物连类，委曲譬喻，多如子夜竹枝"。他对古越人随口而出的歌唱给予很高的评价，认为岭南民间歌手深得中国古代诗歌比兴技巧的精妙，即使没有音乐伴奏，也能令人感动落泪，堪与古代的子夜歌、竹枝词等经典作品媲美。"其歌也，辞不必全雅，平仄不必全叶，以俚言土音衬贴之。"古代岭南教育落后，人多不读书，文字功能不普泛，对中原音律的格调平仄不甚了了，故歌的言辞不雅；但屈大均记录的很多歌种，例如坐堂歌、摸鱼歌、采茶歌、山歌、潮州畲歌、月姐歌、疍歌等，都用各地俚语土音歌唱，却能唱出尽善尽美的歌曲。屈大均究其原因是"风俗好歌，儿女子天机所触，虽未尝目接诗书，亦解白口唱和，自然合韵"。他认为这是越人的天性使然，善歌是至情至性的自然迸发，到了"情必极其至"的境界，信口而出的就是好歌。这是屈大均对岭南善歌风俗的确解，点出了南越先民积极乐天、开怀旷达的天然个性。

屈大均记录的歌种现在大部分仍在岭南大地上传承，有不少还是广东省的非物质文化遗产保护项目。

除了以上诸项，岭南的丧葬、建筑、陶冶工艺以及日常行为等，都呈现出有异于中原的风俗特色。秦统一岭南，首置郡县，移民实边，开辟沟通岭南北的交通驿道，推广统一的文字与度量衡，把岭南纳入中央集权统治下，改变了境内各地互不统属的分散状态，开创了岭南历史新篇章。屈大均说："夫以中国之人实方外，变其蛮俗，此始皇之大功也。"然而改变古越"蛮俗"绝非朝夕之功。秦汉之交，天下大乱，南越王赵佗管领岭南半壁江山，他采取"和辑越人"的政策，在沿袭推行中原制度的同时，也糅合某些百越民族的传统风俗，开创融洽的民族气氛，这对增进岭南社会的风俗文明有一定的成效，例如他改造了越人"好相攻击"的习性，终止了部落战争。然而，赵佗也在不经不觉之中"入乡随俗"而"渐染蛮风"。南越王宫署和南越王墓考古发现，赵佗的食谱就用了越人的菜式，禾花雀都用过几百只，龟鳖蛙蛤更不待说；他在宫室建筑、乐制、葬制上也吸取了越族的某些例规。汉朝建立后，汉文帝遣派特使陆贾来岭南会见赵佗，赵佗是"魋结箕倨"而见陆生。"魋结"也就是说赵佗不戴王冠，梳着越人的椎髻发式。"箕倨"就是伸直两腿坐地上形如簸箕，这是同中原礼制相左的不文明扮相和坐姿。赵佗写给汉文帝的回信落款署名还自称"蛮夷大长老夫臣佗"，以百越"夷蛮"首领为豪。

自秦以来，岭南就被历朝遣官管治，一批又一批的"南下干部"带来了中原体制和文明风俗；岭南原是令人望而生畏的"瘴疠之乡"，也是官员贬谪流放之区，这些人的到来对推行地方风俗教化起了一定的垂范作用；两晋至宋元，改朝换代，中原和江南民众大规模移民岭南，带来了比较先进文明的淳风美俗，在更大范围加深了对岭南风俗的浸润。然而，岭南文化的变易、扬弃，或被改造吸收，是很漫长而曲折的历史进程，岭南民间风俗仍被视为"蛮风"。北方文人写到岭南民间风俗的时候，往往以文明程度相对较高的中原和江南地区为参照系，将其视为文明风俗的"内里"和"中心"，把岭南称为"岭表""岭外"，唐代刘恂的《岭表录异》、南宋周去非的《岭外代答》这类"代表作"，就记录了不少岭南特异的"蛮风土俗"。

岭南移风易俗，要到下一个历史关头。

（二）明清岭南风俗的"丕变"

明清两代，岭南取得的最大历史成果就是珠江三角洲全面开发，继长江三角洲之后成为中国的第二大经济区域。

珠江三角洲在远古时代是太平洋西岸的一个大海湾，现在珠江三角洲的大片陆地还浸没在海水之中，经过长期的泥沙堆积，洲滩渐露，形成河网，三角洲粗具雏形。唐代以来，珠江三角洲的成陆过程加快，大片沙田浮露出来，大庾岭道开通，北方移民纷纷越岭南来，迁移到珠江三角洲，参与开发。宋元之交，北方战乱，更大一波移民越岭而南，有些中原和江南的宗族是举族南迁，目的地就是珠江三角洲广阔的沙田区，他们带来了先进的文化、技术和雄厚的资金，他们不单是珠江三角洲开发的主力军，还是引领古老的百越民族新风气的先行者。

宋元移民的到来加速了珠江三角洲的开发进程，乡镇聚落分布渐多，人烟渐稠密。珠江三角洲最大的农田水利灌溉工程——横贯南海、顺德的桑园围，就是这个时代开筑的。《顺德县志》说："昔者五岭以南皆大海耳，渐为洲岛，渐成乡井，民亦藩焉。"用很平实的笔调概述了珠江三角洲沧海桑田的巨变。宋元间的移民大多走大庾岭道，穿越南雄珠玑巷，南下珠江三角洲，沿途留下了很多有关宗族迁徙的美丽传说。这些传说后来被用于岭南宗族历史的重建，对广府民俗影响很大。

明中叶以降，中国的经济社会发展出现了新的经济因素，就是商品经济的大发展。珠江三角洲的经济开发卷入这次经济大潮中，发展势头更加如虎添翼，岭南人借此大势发力，改变形貌。屈大均描述当时的"广州人"："广州望县，人多务贾与时逐，以香、糖、果箱、铁器、藤、蜡、番椒、苏木、蒲葵诸货，北走豫章、吴、浙。西北走长沙、汉口。其黠者南走澳门，至于红毛、日本、琉球、暹罗斛、吕宋。帆踔二洋，倏忽数千万里，以中国珍丽之物相贸易，获大赢利。农者以拙业力苦利微，辄弃未耜而从之。"屈大均笔下展开一个非常宏大的珠江三角洲全面开发的场面，他所说的"广州"是广州府，明清广州府处在珠江三角洲最肥美的心腹地带；所说的"望县"，就是走在珠江三角洲开发最前列的广州府十多个县中最有声望的那些县，例如南海、番禺、顺德、东莞、香山（中山）、新会等。以广府人为主体的"广帮"商人集团，跻身国内和国际贸易的大舞台，成了中国的大商帮之一，珠江三角洲继长江三角洲之后成了中国的第二大经济区域。原先局缩于东南一隅的岭南和岭南人，已经面貌一新了！

珠江三角洲的经济发展，带来了文化的振兴。岭南精英教育和民间教育同时并举，查阅明清广东各地方志的"功名"一栏，金榜题名的数字开始追步江南，这些精英对推进中原典章文物在岭南的全面覆被，起了很大作用。宋元之间，北方来的移民区适子定居登州（今佛山市顺德区陈村镇）。他编撰了《三字经》，到明清时期，该书成了民间启蒙教育的标准读本，好些乡村儿童都粗识"人之初"。民间教育加速了文字功能在岭南的普泛，对于淳风美俗的养成贡献良多。

珠江三角洲全面开发，是天时、地利与人和的风云际会。岭南人民从此以悠久灿烂的中华文化为依托，一方面，使历史积淀的固有文化基因与时俱进，另一方面，积极承接东西南北、古今中外各种文化和文明的辐射，博采众长，开拓进取，除旧布新，移风易俗，在继承和创新转化中形成了富有地域特色的岭南新风俗。检阅明清时期的各版《广东通志》和各县县志的"风俗"篇章，都共同歌颂岭南一个大时代的到来，那就是岭南风俗的"丕变"。丕变就是巨变。岭南风俗丕变的结果，诚如明嘉靖年间香山（今中山市）人黄佐所修的《广东通志》所说：广东"其流风遗韵，衣冠气习，熏陶渐染，故习渐变而俗庶几乎中州（中原）"。岭南风俗从"蛮风土俗"变为"海滨邹鲁"，也就是说岭南风俗同孔子的故乡鲁国和孟子的故乡邹国一样粲然可观了。

广州府作为广东首府、珠江三角洲的经济文化重地，是移风易俗的首善之区，在岭南民风、民俗的巨变进程中，起着引领风潮的作用。

明清岭南风俗在丕变过程中也呈现若干特色。

1. 岭南节庆民俗特别丰富，有较强的消费性和愉悦性

远古岭南不奉中原节令行事，节庆活动带有浓厚的原始性和随机性。从一些金石、漆器等文物所描绘的节庆场景来看，粤人的节庆活动大多同祭祀、战斗、盟誓、出猎、庆丰有关。自秦统一以来，岭南奉行中原历法，岭南人开始过上历法规定的节日，但到唐朝，按刘恂《岭表录异》所说，"岭表所重之节，腊一、伏二、冬三、年四"而已，节庆还比较少。到了明清时期，岭南的岁时节庆与中原和江南地区已大略相同，囊括了中国主要的传统节日。

明清岭南节庆最令人瞩目的是地方性的民间节庆大量涌现，这些新增的节日大部分是因神诞或神的祀日而来。岭南地方历史上有"敬鬼神""多淫祀"的古越遗风，明清时期随着中原典章文物在岭南的普泛，国家"祀典"法定的北帝、南海神、妈祖天后、社稷等正统神灵也在岭南民间普遍奉祀起来。原先散布各地的被视为"淫祀"的土神，也被地方赋予各种新的形象和功能，按照国家的意志进行了改造，打造成符合国家神灵祭祀标准的范形，被"正统"化了。岭南民间各地冠以各种头衔、神迹显赫而又来历不明的神灵，大抵都是这种产物。借助珠江三角洲全面开发、岭南社会经济高速发展的势头，此风大长，各地的神庙富丽堂皇，神灵诞日格外庄严典重；以"迎神赛会"为主题的民间节庆兴旺起来，而民间在敬奉神灵的同时，在迎神赛会上也尽情欢乐，各种技艺异彩纷呈，百业群贺，名曰敬奉神灵，但其实在各呈其技，张扬成果，并且借机消费，在吃喝玩乐上自奉甚厚。明清广东地方志和笔记有大量关于岭南民间信仰风俗的记述：戴肇辰《广州府志》说"粤俗尚鬼"，"所称（赛）会者，无月无之也"。广州府从农历正月至十二月，举其大端就有玉皇诞、三山国王诞、招财童子诞、土地诞、文昌诞、南海神诞（俗称波罗诞）、北帝诞、天后诞、金花诞、华佗诞、龙母诞、关帝诞、财神诞、康帅诞、郑仙诞等。

广东人的"赛会"，相当于北方的"庙会"，但用了一个"赛"字，更显得这种民俗活动的谐趣热烈。民间逐渐较少理会鬼神信仰的初

衷，而较看重仪式演绎，娱乐、社交、联谊、游艺、竞技等色彩转增浓厚，在节庆娱乐方面的消费非常可观。

吴震方《岭南杂记》说粤人"凡遇神诞，举国若狂"。广东各地奉祀的神灵有很强的地域性，但其节庆的轰动效应超越地域的局限，演变为全民性节庆。例如广州的南海神诞，佛山的北帝诞，香港、澳门的妈祖天后诞、土地诞等，影响范围都远远超出了项目的所在地。广东各地神灵的诞日或祀日，也有好些约定俗成地演变为当地的民间节庆。

岭南各种节庆开支浩繁，也曾招致顽固守旧的朝野人士的挞伐，他们惊呼"世风日下"，要"禁奢侈以正风俗"。但是，那些提倡经世致用、究心民俗的开明人士知道这是经济发展成果支撑起的较强的节庆消费心理。佛山赛会是最热闹的，曾被指斥为"越人尚鬼，佛山为甚"，但佛山一些受儒家正统思想熏陶的官绅在所修族谱的"家箴"中却明说："一年之景，元宵之灯会、三月初三之扮色（北帝诞）、五月五之龙舟（端午节）、七月七之演戏（乞巧节），世俗相尚，难于禁革。"他们不禁子弟参与，只是告诫"醮金量力而出"。广东节庆的愉悦性、消费水平和公众参与度高于其他地方，良有以也。此中也反映出岭南人不拘一格，善于兼容和调适的特质。

2. 宗族文化、民间信仰和相关风俗尤其发达

历代陆续南迁到粤的民众来自五湖四海，共同参与珠江三角洲的开发，到明清两代已经人丁繁衍，聚族而居，形成聚落。中原典章文物大规模覆被岭南，大家要抱团，很自然就运用了起源于远古中原的宗族制度。岭南宗族不同于中原传统的宗族，他们在南迁的过程中已经失落了自己的始祖（粤语说"太公"），因此岭南宗族大抵有族而无宗。聚族而居的宗族，慎终追远，在编制族谱的时候都要重新打造出一个入粤"始祖"来。大部分族谱利用早年北方士民经过南雄珠玑巷南迁的传说，把太公的来源都说成是出自南雄珠玑巷。因此，岭南宗族文化带有很明显的"虚拟"特征。大家用很低的成本就能以"宗族"的模式团聚

起来，对移民的定着和地方开发起了一定的作用。

　　明中叶后，随着珠江三角洲经济发展，宗族制度普及开来，城镇村落纷纷建立祠堂。屈大均《广东新语》说，岭南的宗族以广州府为盛，广州府又以乡村为盛，各宗族都有祠堂，"每千人之族，祠数十所。小姓单家，族人不满百者，亦有祠数所"。为什么要大建祠堂呢？屈大均道破此中奥妙：岭南宗族有族而无宗，查不到远古的太公，大家赖以抱团的基地就是祠堂。有了祠堂，大家就能"以是为归"。岭南游子祠堂

陈氏书院（黎旭阳摄）

陈氏书院的陶塑瓦脊（黎旭阳摄）

陈氏书院的砖雕和灰塑（黎旭阳摄）

情结尤深，无论身处何方，都要回祠堂认祖归宗。广东很多民俗活动也以祠堂为空间。

一些虽为同姓但实际上没有血缘关系的宗族也联手建起了合族祠，有些合族祠还迎合时势，用了书院、书舍、书斋、家塾、别墅、别业等有文气的名字。例如广州市的陈氏书院，就是清光绪年间广东各县陈氏宗族合资捐建的合族祠。因为祠堂是宗族的血缘纽带和精神家园，所以"代为堂构，以壮丽相高"。祠堂经过一代又一代的构筑，在庄严华丽上竞相攀比，是宗族经济和文化实力在地方上的呈现，因而岭南很多精美的民间工艺凝集于此。例如广东省非物质文化遗产传统美术类的壁画，传统技艺类的陶瓷、石雕、砖雕、木雕、灰塑、彩绘就大量应用在祠堂装饰上。

岭南民间信仰和宗族制度的物化形式就是庙堂和祠堂，这两大民俗事象伴随珠江三角洲全面开发而兴起，而且同经济文化发展互为表里，建筑美轮美奂。这

佛山祖庙（卢永光提供照片）

佛山祖庙陶塑瓦脊（卢永光提供照片）

佛山祖庙金木雕（卢永光提供照片）

两类建筑是岭南最瞩目的人文景观，在珠江三角洲的富庶之区最有代表性，故民间有"顺德祠堂南海庙"之说。自明清以来，岭南民俗大多依附于庙堂、祠堂这两大文化空间。

3. 岭南保留了较多在中原已经式微或失落的传统风俗

岭南的移风易俗，是个双向过程，岭南人既保存了历史积淀下来的自身固有的优秀文化基因，又接受了中原的传统文明，除旧布新。中原典章文物和传统风俗覆被岭南，对珠江三角洲全面开发和淳风美俗的养成至关重要，在明清两代深入岭南文化肌理。岭南人对悠久灿烂的中华传统文明极为看重，因此一些在中原已经式微或失落的远古文明以及相关的民俗事象，在原先经济文化发展相对落后的岭南反而得以保存，例如春秋二社、加冠命字、乞巧节等都得到较好的传承，成为岭南特色风俗的一部分。远古岭南是"野蛮"之地，明清时期很多从北方南来的官员看到这里竟然保存着一些在中原式微或失落的节俗、礼俗，大感意外，不禁惊呼"礼失求诸野"，发思古之幽情。

明清以来，岭南风俗丕变形成了这些新特色，使岭南民俗活动大多依附于传统的岁时节令、宗族文化和民间信俗等文化空间来演绎。改革开放数十年间，岭南风俗又经历了史无前例的移易，传统岭南民俗原先依附的几大文化空间发生了翻天覆地的巨变，除旧布新，一些不合时宜的风俗被洗脱淘汰，岭南风俗又开启了新篇章。

21世纪之初，中国启动了非物质文化遗产保护事业，在广东非物质文化遗产保护项目名录中，民俗类占了很大部分，岭南风俗的优良传统和项目得到科学保护和合理利用。由于岭南民俗活动带有较强的愉悦性和消费性，如传统的音乐、舞蹈、戏剧、曲艺、体育、游艺、杂技、技艺等非遗部类，通常也和传统节庆、礼仪等民俗事象相关联，在民俗活动中同时演绎，使岭南风俗文化更加异彩纷呈。我们来看看其中的"代表作"吧。

二、岁时节俗

节庆，就是有岁时节序和节日主题的公共庆典。明清以来，岭南人民遵从国家的历法，过上了春节、清明、端午、中秋、重阳、冬至等节日，但在节日内容上异彩纷呈，广东的广府、潮州、客家民系和少数民族在岁时节俗上各有特色。

（一）春节

农历十二月，临近岁暮，新年将到，广东人叫"挨年近晚"，显出对过大年的热切之感。家家户户都忙将起来，首先就是忙着备办过年的"吃货"。在屈大均《广东新语》可以看到这种情景："广州之俗，岁终以烈火爆开糯谷，名曰炮谷，以为煎堆心馅。煎堆者，以糯粉为大小圆，入油煎之，以祀先及馈亲友者也。"旧时，广东人在年终岁暮，家庭主妇都要升起灶头大火，倒油落镬（铁锅），粤语说"开油镬"，火红油旺，带着对来年的祝愿，主妇操持起来充满着仪式感。各种米面制品过了油镬，捞起来变得金黄金黄的，圆圆的煎堆还滚来滚去。"滚"粤语为"碌"，于是"煎堆碌碌金银满屋"的粤语祝词就随口而出了。炸出来的年节食品统称"油器"。油器在自家吃不了许多，主要用来祭祀祖先、神灵和作为过年行亲访友拜年的手信礼物，互相馈赠。粤人过年也时有这种笑话：自家的煎堆在外头"碌"了几"碌"，几经转赠，又"碌"回到自家了！

在乡间"残腊时，家家打饼声与捣衣相似，甚可听。又有黄饼、鸡春饼、酥蜜饼之属，富者以饼多为尚，至寒食清明，犹出以饷客。寻常妇女相馈问，则以油柵、膏环、薄脆。油柵、膏环以面，薄脆以粉，皆所谓茶素也"。老广大抵都记得，儿时听到家家户户敲击饼印，打制炒米饼的声音，此起彼伏，有如打击乐演奏，就知道要过大年了。至于屈大均说的"茶素"，客家人现在叫"茶果"。旧时乡间物质生活不丰，这些年节食品会被储存起来，吃到清明前后。

改革开放以来，人民生活水平提高，对饮食健康尤为关注，油器逐渐淡出年节食品系列。但是，老一辈家庭主妇对"开油镬"的情结挥之不去，总记住"年晚煎堆人有我有"，挨年近晚总是要开开油镬，或多或少地炸些油器，图个好意头。那些坚硬如铁的炒米饼，比不上松软的蛋糕，乡间岁暮也打饼声稀了。但是，不必担心，老广的油器制作已经产业化并推向市场，龙江煎堆、九江煎堆形成了商业品牌。煎堆、茶果连同饼印，都作为广东省非物质文化遗产保护起来了。

风俗移易，春节习俗也不例外，更有一种习俗与时俱进、历久弥新，那就是广州的行花街。

1. 广州行花街

岭南四季如春，一年到晚繁花不断，粤人有爱花的天性。岁末，春气萌动，正是岭南花事正浓的时节。粤人以一种与花同步的方式，迎接一元复始万象更新，那就是迎春花市，广州话人人共称的"行花街"。

岭南由"花"而成"市"，历史已久。早在南汉，广州河南（珠江以南）的庄头、芳村、花地一带已是花卉产地。南宋周去非《岭外代答》说广州有花贩子把素馨花缀在其他枝条上，或用竹丝串起来"卖于市"。这种"市"可能就是岭南的集市、墟市，市上有花卖，但并非专为花而设。明代，广州花市是广东著名的"四市"之一（另三市是罗浮的药市、东莞的香市、廉州的珠市），在广州的各城门皆有。屈大均说这些"花市"所卖的只是素馨花，没有其他花，可见这"花市"是专业市场或批发地，无关春节习俗。晚清张心泰《粤游小识》开始有广州城迎春花市的记录："每届岁暮，广州城内卖吊钟花与水仙花成市，如云如霞，大家小户，集供座几，以娱岁华。"尤其是藩署前一带（今北京路财厅前）最为热闹。广州岁暮迎春，城内卖花成市，市民出动买年花贺岁，有了传统花市过渡成春节习俗的苗头。花卉买卖的商业行为何时发展为春节习俗行花街的呢？广州市档案局等部门编撰的《春来南国花如绣》记录了这个过程："清末的花市，无论藩署前的花市，抑或双门

民国初年广州市民行花街

底花市，尽管是热闹，岁晚尤盛，但性质上还是一个常年性花市，而不能算作迎春花市，充其量只是过渡品。迎春花市的基本定型是在20世纪20年代，其中传统花市与春节节庆活动的结合是关键所在。"这是一次"华丽蝶变"。

中国历史上，春节期间各地人民爱花、买花迎春，是很普遍的民俗事象，但如广州行花街风俗落点在"行"字的，却是绝无仅有。新中国成立后，行花街定为每年的农历十二月廿八日至农历正月初一凌晨，分别固定安排在广州的几大区域和大马路。每到节期，广州的搭棚工人大显身手，用竹、篾在各路段搭起延绵整条花街的长棚。来自四乡和各处花卉产地的鲜花蜂拥入市，分类上棚。按传统的包装形式分为"枝头""盆头""散花"三大类，各类花的摆放位置皆有传统讲究。"枝头"主要有桃花、吊钟花等，"盆头"主要有年桔、茶花、兰花、玫瑰等，"散花"主要有菊花、大丽花、剑花、水仙、银柳等。在此期间，广州人倾城出动，尤其是大年三十的晚上，"食咗年卅晚饭行花街"是广州人的春节风俗通例。吃过除夕晚饭，人们或阖家出行，或呼朋唤友，或情侣双双，人山人海，行走花街之上，花香笑语，越拥挤越热闹，集赏花、买花、喜庆、祝福于一时，感受新春将到的喜悦和对来年好运的期盼，行花街达到高潮。到大年初一凌晨，行花街始落下帷幕，广州人迎春接福过大年了。

花卉买卖，还有一套讲究吉祥数字的传统，双方讨价还价常以"三（生）"、"八（发）"等吉祥的粤语谐音押尾，卖得欢，买得欢。按照传统，行花街要选一盆心仪的年桔，图个新春大吉的好意头；年轻人更要捧上一株艳丽的桃花，祈愿事业上大展宏图，爱情上走"桃花运"。即使不买花也欢，都要来"行花街，转大运"。行过花街回家，迈进家门还要互道几句吉祥语，港澳同胞通常会说"财神到！"然后把花养起来，要一直摆设到过了正月十五。

行花街还有一条不成文的传统规矩：行过一次，就要年年行。港澳同胞和海外侨胞，只要今年到广州行过花街，按规矩此后也要年年来的。老广还记得一些花街逸事：20世纪六七十年代，广州行花街曾一度停止，但市民行花街的迎春习俗情结不解，联帮结队直接"行"过河南（珠江南岸），到花地、芳村等传统花卉产地去行花街，河南地人山人海。有关部门为了疏导人流，全力组织轮渡、公交车辆接应，结果在每

人山人海"行花街"
（广州市越秀区文化馆
提供照片）

在花街上笑逐颜开地讨价还价（广州市越秀区文化馆提供照片）

趟轮渡上，工作人员总能捡到满满一箩筐因人流挤迫踩掉的鞋子，除夕夜有不少人光着脚"行"回家！此乃一时佳话。

行花街，在人山人海、花团锦簇与欢声笑语之中，透露出岭南人崇尚自然、和谐环境、淳朴自然的本真性情，对取得成果和美好前景的期盼，以及与时俱进的审美观、价值观。广州由悠久历史传统的花市"华丽蝶变"出行花街，广州行花街又从中华众多的花事中脱颖而出，成为岭南影响范围最大、参与者最广的年俗，"华丽蝶变"还一直在进行中。行花街节俗不断延展，近几十年来南下广州的"新客家"成了广州行花街的主体，广州迎春花市规模越来越大，来自外省和世界各地的时新花卉也越来越多；观赏鱼、工业品、艺术品、玩具、灯饰、美食也参与展销，花街的诗歌、曲艺、演奏、歌唱、龙狮、戏剧、楹联、书法等活动还形成了"花街文艺"；一些非物质文化遗产保护项目也同台演绎，增加了行花街的文化气息。现在粤港澳大湾区9个珠江三角洲城市和香港、澳门两个特别行政区都有行花街的春节习俗，海外的唐人街也有迎春花市，都是深受广州行花街习俗的影响。

花街上的文艺表演（广州市越秀区文化馆提供照片）

　　粤人有句老话"未过新十五都仲系年"，就是说未过正月十五都还是在过年的喜庆之中。这段节庆期间，岭南人也无一日空过，最吸引人的是各地别具特色的贺节活动，构成了春节习俗靓丽的风俗画面。

　　说到"行"，也有不同的"行"法。

2.佛山行通济

　　岭南的桥名，多被赋予神圣的含义，同春节习俗最有情缘的莫过于佛山的通济桥了。通济桥横跨佛山涌的河段，曾是通向南海、顺德、番禺的主要桥梁。明中叶，佛山是全国有名的四大名镇之一，商品经济发达。佛山通济桥利济商民，畅通财源，桥边还有繁华的专业灯市，专售各种华美的花灯。明末，民间取其"桥以通济名，必先通而后有济"的寓意，以"行"的形式来表述顺利以达的美好愿望，吸引了大批佛山商民和四乡农民，男女老少手持花灯，浩浩荡荡从桥北走过桥南，祈求平安幸福，于是民间衍生出"行通济，无闭翳"的俗语。"闭翳"，粤语是郁闷、晦气的意思。随着佛山经济文化飞速发展，原先普通的民间自

通济桥头的灯市（彭飞提供照片）

白天行通济（彭飞提供照片）

发活动，逐渐习以成俗。到了明末，行通济已经成了佛山年宵风俗，历久不衰，且规模越来越大。每年正月十六，佛山人总要行行通济桥，祈求来年万事顺利，心想事成。

由于佛山城市交通发展，水道环境变迁，通济桥曾一度成为陆桥，后来还被拆毁，名存实亡了，但是民间行通济的风习仍存，每年正月十六，各地民众依然有秩序地行过原通济桥的路段，以一偿心愿。

2001年，佛山市政府在原址旁重建通济桥，桥下配以水体，并整治美化周边环境，扩充建成通济广场，有桥、闸门楼和公园。闸门楼的主体用青砖砌成，两边配拱形门洞，屋脊采用传统的石湾陶塑瓦脊，陶塑勾画出古代通济桥兴旺发达的情景，顺应了佛山人"行通济，无闭翳"的美好祈愿。

传统上，每逢农历正月十六，佛山民众及四乡男女老少成群结队，步行至通济桥，或在社坛焚香烛、烧爆仗，或步入南济观音庙烧香，参神叩拜，男子求签，妇人则扯神前花灯灯带，求赐丁财。大家在桥边购买花灯，持在手上行通济，一条灯火辉煌的人龙游行于通济桥上，蔚为壮观。凡行通济桥的人，必须一次从桥头行至桥尾，不得半途折返，这也是佛山人"绝不走回头路"的天性在行通济过程中的集体呈现。行通济活动没有太多的夸饰，也没有繁缛的仪式。人流涌动，欢声笑语，抱

夜间行通济（彭飞提供照片）

着美好的愿望，佛山人步步向前，向前。

行通济活动原为每年的正月十六早上开始至晚上，后随着环境变化及市政设施的改善，以及市民和外地群众的广泛参与，活动提前到正月十五，活动高峰期也转移到正月十五晚上。人们携风车（寓意"转运"）、风铃、彩灯、生菜（寓意"生财"）行过通济桥，共祈风调雨顺、兴旺发达。人流量最多时为每分钟1000人。行通济民俗活动虽原为老佛山禅城区及周边乡人的自发祈福活动，但改革开放以来，很多来自五湖四海的外来务工人员已经成了佛山市民，他们也一起行通济，增进对佛山的认知和认同感，共同分享佛山的建设成果，共同期盼佛山的美好将来。近年参与行通济的人数逐步上升，达到数十万人，这一古老习俗已成为佛山民众参与度最高、最大型的传统民俗活动。

3. 揭阳行彩桥

行彩桥民俗主要流行于揭阳榕城。揭阳市榕城区位于粤东潮汕平原中部，濒临南海，处榕江流域中段。明清时期粤东经济文化发展，榕江水运发达，在历史上有"黄金水道"和"状元港"的美誉。榕城财源文运俱兴，城中河道纵横交错，桥梁甚多，民间便以"行彩桥"的形式寄托祝愿，渐成习俗。据乾隆《揭阳县志》载："上元张灯树，放烟花，扮八景，舞狮子……妇女儿童渡桥投块谓之渡厄，或采竹青拾瓶嘴以归，取义宜男。"可见乾隆时已有这种风俗。

行彩桥的活动时间是每年农历正月初十至十六日。各彩桥的理事组织和指挥者是义务的风俗传承人，每年春节刚过，年初十之前就要组织居住在桥周围的人家，彩饰附近的桥梁。住在桥周围的人家便欢欣鼓舞地忙碌起来，人们在各座桥上，用青竹枝、榕树枝扎成棚子，桥两头搭彩门，插上鲜花、彩纸花，挂起花灯、影灯，张贴吉祥红联、字画，在彩桥周围悬挂成百上千幅潮绣"富贵吉祥""国泰民安"的标旗。男女老少为祈福迎祥，参加搭彩桥活动；能工巧匠义务参与，各献其技。各种花灯、灯橱都是本地民间艺术家精心创作、制作的，特别是一个个描绘着戏剧、民间传说等故事人物的灯橱，造型生动逼真，最吸引人。

装饰一新的彩桥（谢颖提供照片）

等候过彩桥的人流（涂英鹏提供照片）

此风俗原以榕城石狮桥为中心彩桥，逐渐遍及全城所有桥梁。正月十一日开始行彩桥，第一日称为"行头桥"，正月十五称为"行二桥"，最后一日正月十六称为"行尾桥"。最热闹是在夜晚，华灯初上，人们三五成群，扶老携幼，兴致勃勃向各彩桥涌来。在各彩桥区，人潮如流，欢声笑语，弦歌悠扬，锣鼓喧天，气氛浓烈。凡是参加行彩桥的人都在心中暗祈吉祥福祉。行桥时每人手拿石子、瓦片等物，随心所欲投向桥下，同时口中念祈愿的祝词，通常是惯用的四句话，叫"好四句"，看身份而定。例如家庭主妇说："摸竹辂，十仔十媳妇。"少女拿起瓦片掷进溪中说："掷溪中，嫁雅翁（靓仔）。"男青年则拿起瓦片掷向溪中说："掷溪肚，娶雅嬷（靓女）。"新婚少妇则说："摇竹丛，合天又合人。"祈求好年成好光景，就念"掷浮浮，饲猪大过牛""掷深深，有银夹有金"等。渡桥时，行到石狮桥的石狮面前，人们还要抚摸一下石狮，说几句吉祥语。妇女们从彩桥上随手采竹叶或榕树叶插在鬓边，以祈吉利，或拿回家插在门楣上，以祈求带来好运。

随着人民群众生活水平的不断提高，行彩桥的内容也越来越丰富多彩，如在桥头放电影、演纸影戏、演奏民乐、舞狮等。行彩桥活动从正

抚摸彩桥的石狮许愿（谢颖提供照片）

彩桥上的文艺表演（庄慧娜提供照片）

月十一日"行头桥"开始，延续至正月十五元宵夜"行二桥"达到高潮，正月十六"行尾桥"后活动即告结束。

行彩桥体现了潮汕人民群众喜迎新春，祈求新年幸福吉祥的美好愿望，营造了欢乐、轻松、祥和的氛围，凝聚人气，增进乡谊，促进和谐。行彩桥同时又是一项群众性的民间文化艺术活动，充分表现了民间能工巧匠的聪明才智和灵心巧手，民众共同参与、共同分享劳动创造的丰硕成果。

正月十五闹元宵，是春节这个长节期的最后一个高潮。闹元宵闹的主要就是闪烁着各种传统技艺光华的花灯，但是岭南闹元宵的花灯各有不同的文化意蕴。

4. 开平泮村灯会

开平市水口镇泮村乡有一个别具特色的民间习俗——泮村灯会。泮村灯会最初在明朝英宗甲申年（1464）举办，此后每年的农历正月十三必举行一次。乡人发现，自有灯会以来，每到甲申之年本村必有盛大喜事。这可能是巧合吧，但人们认为甲申年是个吉祥的年份，因此族人决定以后每六十年再逢甲申之年就举行一次盛大庆典，意在联谊乡亲，维系乡情，增进团结。

泮村灯会的盛大场面（广东省非物质文化遗产保护中心提供照片）

　　泮村灯会至今已传承了五百多年，主要活动不是夜间赏灯，而是灯会游行。每年的正月十三，泮村四十多条自然村彩旗蔽日，爆竹轰鸣，家家户户张灯结彩，喜气洋洋。全乡群众簇拥着三米多高的大花灯，以罗伞开路，龙狮伴随，从早晨到黄昏，按照历史上形成的传统路线游遍全乡。

　　五百多年中，泮村灯会形成了一套传统程序和仪式。每年正月初九晚至十二晚，各自然村的狮队、龙队都互相拜访，交流舞狮舞龙的技艺、拳术和生产经验，促进联谊团结。灯会主要有扎灯、送灯、起灯、舞灯、打灯等环节。按照传统习惯，每年灯会都要扎制三个大花灯，分别由龙田、塘唇、书厦三个村负责，每村扎一个花灯。花灯由灯芯、灯须、灯头、灯肚、灯脚等部分组成。这三个灯的灯芯（灯的中轴）长达老尺16尺，灯须宽9尺，灯肚直径5尺，重达35市斤，堪称灯中的"巨无霸"。泮村花灯多出自本村家传数代的扎灯高手，工艺精湛，以竹竿、竹篾和各种色纸等材料就能扎制出美轮美奂的大花灯。三个彩灯一定要在正月十二日中午之前完成扎作，人们敲锣打鼓、舞龙舞狮，把彩

花灯成品（广东省非物质文化遗产保护中心提供照片）

灯送到祠堂供奉，举行祭祖仪式。

正月十三日早晨，舞灯头的三条村在祖祠参拜祖先后起灯。起灯时，花灯被高高举起，并在祠堂外面游走三圈。起灯后，花灯分别从不同方向、不同路线，遍游四十多条村。每到一村，彩灯均交由该村村民舞动，绕过村场三周之后再转往别村，各村都以舞狮、燃放爆竹在村口迎送。在金龙村，巨大的花灯要绕道而行，遇水要下水，蹚水而过；由于村中的祖祠门口窄小，花灯还要翻墙而入，由此产生了"龙灯戏水""翻墙入天井"的舞技，场景喜气洋洋，热闹非常。人们在灯下钻来钻去，寄寓来年平安健康。

三个花灯按照传统路线游遍所有自然村之后，在一片爆竹声中，花灯被挑破，村中的青壮年一齐拥入，争抢灯纸和灯篾，将其作为吉祥物拿回家中供奉，祈求好运，这一环节被称为"打灯"。至此，整个泮村灯会宣告结束。

泮村花灯造型独特，色彩斑斓，赏心悦目，龙、狮、灯共舞，令人精神振奋。灯会大大增进了春节的喜庆和谐氛围，彰显了开平侨乡独特

龙灯戏水（广东省非物质文化遗产保护中心提供照片）

的民情风俗。每到灯会之期，团聚的村亲和海内外客人有十多万，是开平影响最大的民俗盛事。

广东元宵除了闹花灯，还有其他"闹"法，就是斗技巧，尽显粤人在民俗活动中喜"赛"的特色。

5. 从化掷彩门

广州市北郊从化地区有很多从粤东移民过来的客家村落。明末清初，春节"掷彩"的习俗先在大江埔村出现，关于它的出现有个很浪漫的故事：相传古代大江埔村邝氏的开村太公举家迁来此地，搭茅寮养鸭，生活很不如意。有年春节，太公买来爆竹为迎新年盼来年好运，恐怕爆竹易燃点着茅寮不安全，就用菜篮装上爆竹高高挂在屋外的荔枝树上。谁知儿子调皮，用点燃的爆竹投掷，把菜篮里的爆竹烧尽了，太公非常生气，只好又买了一串鞭炮补上。一年过去，他家养鸭顺风顺水，生活好转。太公第二年再度用菜篮装满爆竹，用从远处投掷爆竹的方法来点燃，果不其然家中又风生水起，从此太公遂年年投掷爆竹"博彩"。全村家家户户也竞相模仿，果然全村五谷丰登，人畜兴旺。于是村民每年元宵节前都在邝氏祠堂前扎起彩门，上置爆竹等燃爆物，手持点燃的爆竹，远远地掷向彩门，以掷中彩门引燃爆竹烟火来欢庆新春。后来此风向四乡传播，发展到流溪河两岸。每年正月元宵节前，这些村落轮流掷彩门，两岸村民互相过访贺年，参与对方的掷彩门活动。掷中彩门的人会被视为"好彩"、有"彩数"，即好运气、吉祥之兆。

彩门过去是用竹、木、彩纸扎制成的门楼或牌坊，塞满火药爆竹，接上火药引，高高地悬吊在旗杆上；现在则是把装满各式烟花爆竹的花篮升挂到彩门上。轮到掷彩门的村庄需在祠堂张灯结彩，家家户户备好佳肴美酒，迎接下午各方客人来聚餐贺彩门。现在，参与掷彩门活动的除了从化流溪河流域各乡镇之外，还有很多远地慕名而来的宾客。

如今，从化有些村庄的掷彩门已经从祠堂拓展到更大的公共空间，例如大球场、水畔景区，迎接来自各地的宾客。夜幕降临，掷彩门正式开始，有醒狮起舞、护送彩门、升花篮、投爆竹几个程序。首先是锣鼓醒狮护送花篮到活动地点，然后将装满爆仗烟花的花篮升挂到十多米高的铁杆上，随后，锣鼓声一停，掷彩门正式开始。站在远处的青壮年投掷手点燃手上的爆竹，向彩门投掷过去。一道道弧光伴随着爆竹的轰鸣

村庄祠堂前的掷彩门（广州市非物质文化遗产保护中心提供照片）

护送彩门（广州市非物质文化遗产保护中心提供照片）

在球场举行的掷彩门（广州市非物质文化遗产保护中心提供照片）

划过夜空，在花篮上下左右交织；周围成千上万的观众，目不暇接，喝彩的声浪一浪高过一浪。突然，花篮里的爆竹烟花被飞来的爆竹引燃，霎时爆发，艳光四射，把夜空照耀得如同白昼，整个过程要持续五分钟以上，全场狂欢进入高潮。掷中彩门的村民被视为在新的一年会行好运的幸运儿，当场获奖一封丰厚的新年利市（红包）。

明清之际的从化，战乱频仍，经济凋敝，人烟稀少。客家人新来乍到，人生地疏，他们通过春节期间相互掷彩门的民俗活动，建立了共同的精神家园，增强凝聚力，对地方稳定和开发起了很大的作用。在新时代，这项民俗活动继续凝聚从各地来的"新客家"，又有了新的社会功能。

（二）清明节

清明时节，最大的民俗事项就是祭祖扫墓。殡葬改革以来，广东人祭扫方式发生了很大的变化，但宗族慎终追远，清明祭祖的传统风俗延承。宗族一般都有春秋二祭，有春祭拜墓、秋祭拜祠的传统，也有春秋二祭墓祠皆拜的。拜祭活动由各祠堂组织。说到祠堂，我们不能不说说岭南特别是珠江三角洲的祠堂文化和规例。

1. 祠堂规例

珠江三角洲的祠堂伴随着经济开发扶摇直上，尤以顺德祠堂为最。乡村祠堂普及很广，不单数量多，还相当华美，水磨青砖砌筑，陶塑瓦脊盖顶，雕梁画栋，诚如屈大均所言"代为堂构，以壮丽相高"互相攀比。乡村祠堂一定建在全村最显要的地方，前座的大堂一定会高悬一块显赫的堂名匾额，门前多有个很大的风水塘。风水塘除了构建风水形局，还有实用功能。世道不稳时可以利用水塘设置防卫，保护村庄；平时可以为村中储备消防用的"太平水"，塘中养鱼经营所得还能用作宗族祖尝的收入。

顺德祠堂和风水塘（张雪莲提供照片）

顺德祠堂灰塑（李健明提供照片）

顺德祠堂砖雕（李
健明提供照片）

顺德祠堂堂名匾额（李健明提供照片）

顺德祠堂壁画（李健明提供照片）

　　祖尝又叫"公尝"，名义上是整个宗族的公产。祖尝的多少是宗族势力的显示，旧时珠江三角洲大宗族的尝产丰厚，有田地、山场、码头、水面、海利、商铺、墟场、作坊等产业，收入用于修纂族谱、营造祖坟、祭祀始祖、修建祠堂、兴办教育、奖励功名等宗族事务。粤人称宗族的始祖为"太公"，所以尝产收入也叫"太公数"。春秋二祭的费用也是从中开支的。

2. 太公分猪肉

　　提起春秋二祭或者祠堂重光庆典，广东人一定会联想起"太公分猪肉"。祠堂祭祖或者祠堂重光，一定会给族人分猪肉，因为这笔开支来自祖尝的"太公数"，所以粤人称之为"太公分猪肉"；"太公分猪肉"一般有红白两种——烧肉和白肉。"太公分猪肉"在族谱中叫"分胙"或"颁胙"。"胙"就是祭祀过祖先或神灵的祭肉——民间还有"福肉"的通俗叫法。

　　提到"太公分猪肉"，不能不谈谈岭南的族谱。明清两代，珠江三角洲全面开发，经济文化发展，宋元以来南下的士民在各地开枝散叶、聚族而居，开始仿效中原古老的族谱体例修纂族谱。他们一开始就碰上了令人头痛的问题：始祖找不到了。大家追忆起从珠玑巷南迁的传说，

祠堂祭祀的胙肉（张雪莲提供照片）

只好把入粤始祖的来历挂到珠玑巷名下，以故广府族谱多说始祖"出南雄珠玑巷"。族谱还按规矩设立陵墓、祠堂、尝业、祭祀等专章，其中的家训、族规专章对"太公分猪肉"有明确规定。

珠江三角洲族谱的家训、族规，沿承了中原封建宗法制度的传统，所反映的是封建国家对基层社会控制的意志，但它在岭南普泛的过程中风土化了，有很强的岭南地域特色，有糟粕也有优良传统。例如：中原传统士大夫"耻于言利"，修纂的族谱不言功利，没有人间烟火气。但是，珠江三角洲的族谱不回避功利，甚至鼓励发展经济，开创功利。佛山影响很大的霍氏、陈氏等《族谱》的家箴、家训，里头就有"种植之法""养畜之法""酿酒之法""养鱼之法""商贾三十六善""农家三十六善"等篇章，专门讲授农、工、商经营的优良法则，以功利为取向。他们不讳忌入粤始祖早年从事养鸭、酿酒等农商"贱业"起家的历史，在族谱中如实写来，还在家箴、家训中告诫族人"不忘祖训"，要千方百计提高农业种养效益，掌握手工业精湛技艺；要诚信经商，立德行善，回馈社会。这些族谱接入了珠江三角洲的地气，显出粤人底色。正因为岭南宗族致力于开创功利，故大宗族积累的公尝异常丰厚，祠堂建筑富丽堂皇，"太公分猪肉"出手也尤其阔绰。

老广有句歇后语"太公分猪肉——人人有份"，此说其实未必尽然。按旧时规矩，分胙是要严格按族谱逐个唱名拜领的，只分给族中的男丁，女人无份，这是源自远古中原宗族制度的遗风。岭南族谱的家箴、家训之中对男丁领受胙肉的资格也有严格的规定：凡有违法乱纪行为的要受"革胙"处分。所谓"革胙"就是取消领受太公猪肉的资格。例如佛山《霍氏族谱》家箴规定，凡是偷盗田禾、瓜菜果木、猪牛牲畜、塘鱼鸡鸭，都要视其情节轻重受到革胙若干年的处分，在革胙其间，不许进祠堂"领胙"——领受太公猪肉，这是羞辱性很强的惩罚。如果过了革胙年限还不改正，就要被宗族处以"永远革胙"的惩罚，记入族谱，那就表明此人被永远驱逐出宗族，这在古代是极其严重的后果。

但是，岭南的宗族有较强的调适功能，对传统宗族制度和族谱的规定会因应时势作出适度的调整，尤其是对女性。例如，传统的祠堂规矩女子是不得参与祠堂祭祀饮宴的，"太公分猪肉"也没有份。清代民国，珠江三角洲盛行"自梳女"风习，自梳女子对珠江三角洲经济贡献良多，顺德、南海有些祠堂在祭祖饮宴的时候，会特地给自梳女留下专门的席位，以表敬意。新中国成立后，祠堂没有了尝业，"太公分猪肉"的开支多来自族中的民营企业家、善长仁翁赞助或者族人合资。春秋二祭或祠堂重光"太公分猪肉"，女士也有资格领胙。按照老例，宗族中年过六十的男性长者才有资格称为"父老"，受到族人的特别尊崇，现在，年老的女士也有资格跻身父老行列了。

广东清明祭祖，多数拜墓，所以广东人清明祭祖就叫"拜山""行山"或"行青"。先拜哪处，后拜哪处，要按照族谱传统规定的序列。祭祖的胙肉多是整条的烧猪。如果拜墓是在乡村山野，祭扫之后，大家就在坟堂上"太公分猪肉"，把烧猪打发了；如果临近城镇，会把烧猪抬到附近的饭店酒楼，交给后厨处理，大家把"太公猪肉"分食聚饮。现在宗族"拜山"的行列中，也多了女士的身影。

顺德祠堂重光"太公分猪肉"，有女士合影（张雪莲提供照片）

女士领受太公猪肉（张雪莲提供照片）

女士也跻身"父老"的行列（张雪莲提供照片）

（三）端午节

端午节最大的民俗盛事，就是龙舟竞渡——粤语称"扒龙舟"。此风大都附会在纪念屈原上，但在岭南则未必尽然。闻一多先生做过很严谨而翔实的考证，他认为端午节俗起源于古代南方吴越民族的图腾祭祀活动。从大量的考古资料上来看，古越人擅长舟楫，在远古时代就已经有以舟楫为乐的习俗，远远早于屈原之世。在当代岭南的水乡泽国，端午龙舟节庆活动更是异彩纷呈。

1. 车陂龙舟景

车陂龙舟景是广州市天河区车陂村的端午节俗。车陂位于珠江支流车陂涌与珠江汇合的"涌口"，涌口宽达80多米，水势浩大，可供10艘龙舟并排游弋。车陂是千年古村，古地名"龙溪"，可见车陂自古与龙舟结下不解之缘。车陂是珠江支流和干流之间的水运枢纽，农工商业兴旺，村民长于舟楫航运。在珠江三角洲全面开发进程中，车陂积累起财富，发展起宗族，当地龙舟习俗的文化风韵和影响也越来越大，形成了在广府地区最具特色的车陂龙舟景。车陂村有九大姓氏宗祠，车陂龙

游弋在车陂涌的龙舟（车陂龙舟文化促进会提供照片）

舟景沿承了历史上的宗族传统，组成12个龙舟会：郝太原、江夏黄、范阳简、东平梁、沙美梁、江头黎、双社、麦始兴、武功苏、王太原、高地苏、车陂新村。每个龙舟会都有自己历史悠久的龙舟，由德高望重的父老和领头人组织管理龙舟活动，全体村民参与，这是广府地区组织最完善、参与人数最多的龙舟盛事之一。

广州人都知道，车陂扒龙舟最大的特色就是"景"。

明清广府传统节庆、神诞等盛大赛会场景和高超技艺现场展示统称为"出景"。车陂古属广州府番禺县鹿步司，"五月初三车陂景"是老番禺鹿步司的大型龙舟景。车陂龙舟景，保存了岭南地区端午节传统龙舟的民俗程式，主要包括起龙、采青、赛龙、龙舟景、藏龙、散龙等内容，还有龙舟饭、龙舟饼、龙舟戏等民俗活动。

每年从农历四月初八起，各大龙舟会陆续开始挖起前一年沉在车陂涌底的龙舟，俗称"起龙"，而后各大龙舟会择吉日在各自的祠堂举行采青仪式，祈求风调雨顺，拉开一年龙舟景民俗的序幕。端午节前车陂各龙舟会就陆续发出用典雅文言写就的"龙舟束"红帖，盛情招请珠江三角洲各兄弟村、老表村的龙舟光临车陂参与龙舟盛事，谓之"招景"，龙舟束还要郑重地张贴出来；被"招"的各村龙舟来贺

贴上墙壁的龙舟束和谢帖（车陂龙舟文化促进会提供照片）

谓之"应景"。例如在郝太原龙舟会的招景日，应景而来的乡村就有广州附近的寺右、杨箕、棠下等，再远还有小洲、土华、练溪等。来到车陂应景的各地龙舟，也会遵从古礼，用红纸写出很文雅的诸如"敬领 某某村全体同仁鞠躬"等回礼"谢帖"，恭恭敬敬地张贴到车陂村的墙上。如果那年招景、应景的龙舟多，常会把墙壁贴得一片红。

珠江三角洲各地每逢五月初三，车船齐发同赴车陂共观龙舟胜景，谓之"趁景"，是说人群和龙舟从四面八方汇聚车陂，就犹如岭南人趁墟那样。老广说的"墟冚"是指场景如同趁墟那么热闹，而老广集体记忆中最"墟冚"的民俗盛事莫如广州行花街和车陂龙舟景。参与车陂龙舟景的应景龙舟最多时达二百多条，来自各地的趁景观众多达十余万人。车陂长达千米的两岸堤围，古树参天，浓荫如盖，岸线视野宽广，人们站在车陂涌两岸的任何位置，都能看到往来车陂涌龙舟的雄姿。车陂龙舟、应景而来的龙舟在涌面上竞渡表演，车陂龙舟景进入狂欢高潮。群龙破浪前冲，扒仔（划手）雄姿英发，涌面浪花绽开，飞珠溅玉；两岸人潮涌动，欢呼雀跃，场面蔚为壮观，故老广州民谚有云"未踏车陂龙舟地，莫提睇过龙舟景"。

车陂龙舟特色之一是保留了明清广府地区的传统形制。现存56艘传统龙舟，最长的有40多米，还有长龙、短龙、彩龙、乌龙等形制和扒具，材质多为坤甸、铁楸、老杉等名木。村中保存百年以上的郝太原"乌龙"、武功苏乌龙"东坡号"、清溪双社"白尾雕"以及沙美梁红龙"产月"等，不单工艺和文物价值居广州之冠，还承载着广府龙舟风俗的历史文化信息。车陂村收集了各宗祠和村民的龙舟文物，兴建了车陂龙舟文化展览馆，展示的主题是"一水同舟"。"一水同舟"引领车陂龙舟景和宗族文化与时俱进，与现代化相适应；激励本地民众同外来务工人员团结一致，参与车陂涌的环境整治，沿涌两岸已建成广州碧道，车陂龙舟景民俗美景迭出。

来自上涌村、猎德村等处的应景龙舟（车陂龙舟文化促进会提供照片）

车陂龙舟文化展览馆（车陂龙舟文化促进会提供照片）

广东的龙舟，往往都承载着很多荡气回肠的故事，大大丰富了龙舟风俗的历史文化内涵。

2. 礼乐龙舟

礼乐，位处西江下游，它前身是沉睡在海底的大片沙田，天水茫茫。明清两代，珠江三角洲全面开发，这片广袤的沙田浮露出来，来自五湖四海的民众参与沙田开发，经过几百年奋斗，这里成了一望无际的沙田区、人间乐土，礼乐也华丽变身，成了江门下面一个颇有名气的乡邑。它的文化名片品牌，就是礼乐龙舟。

礼乐龙舟的品牌，是在这片乐土从海底浮露出来的过程中形成的，至今留下历史的印记。礼乐没有山丘，只有河网纵横的大沙田同天际线相连，周围是数不胜数的"水汪汪"的地名：东南西北四面相连的是睦洲、江门水道、三江、南冲、文昌沙；河涌有二星宫河、张围河、中心河、浅海河、零河、礼西河、汲水滘、礼东河等；有第一涌口、北头咀涌口、汲水滘涌口、二洼口、南口、朱紫岸涌口、永丰涌口、丘镇涌口、梁家围涌口等9个河涌口进出礼乐，故旧称"九龙入洞"。看这个历史地名就知道，这些都是自古以来礼乐龙舟必要穿越的"洞"。20世纪50年代前，还有竹桥、木桥、石拱桥共287座，横水渡口有文庙、奇榜、塞海、烂大船、大滘、二星宫、流沙、营信、十字水、大滘等14个。历史上乡民到农田耕作、探亲、外出谋生要划船出行，以舟代步，可以说"礼乐无人不晓舟"。端午龙舟盛事，自然是礼乐人大显身手的机会。

随着沙田浮露，历代来参与沙田开发的礼乐先民，胼手胝足，一块一块地围垦沙田。清代礼乐沙田逐渐开发成熟，至今礼乐仍然存在30多个当年围垦沙田的围名，例如土名"第一沈围"。原先浮家泛宅的先民上岸定居，筚路蓝缕，以建田园，以长子孙，在大沙田区逐渐出现了村、里、坊、社等聚落群，各村坊社还有神庙，形成序列和从属配置关系。礼乐龙舟的特色之一，就是由礼乐按村、里、坊、社组成龙舟队。

后来，虽然地方行政设置有所变化，但是这个特色始终坚守着。新中国成立前大沙田区百姓生活贫苦，礼乐龙舟比赛只能因应大沙田区农业生产情况，选择在礼乐话说的"好时年"即粮食丰收年举行。赛龙所需经费由各坊自行按丁筹集，妇女免收。把经费平均分摊到男丁，向每个男丁收款。所谓收款也是按沙田区的老做派，每只龙舟派人抬着个谷萝，逐家逐户捐米谷，同时也发动较富裕人家随缘捐助。改革开放后，礼乐大沙田区人民生活水平提升，礼乐龙舟三年一届赛事成为定例。

历史上流传下来的同村、里、坊、社相配属的礼乐龙舟原有9条：花蓝桡（朱紫坊）、黄桡（东门坊）、白桡（中正坊）、红桡（乌沙坊）、七星（忠联坊）、九社（南桥坊）、天字号（南兴坊）、桃果红（联捷坊）、黑桡（月塘里）。其中的黑桡在一百多年前失传，现存8条龙舟。8条龙舟还有"公""母"之分。龙舟所在的村庙，如果所供奉的是男性神灵（例如关帝），那就是"公龙"；如果所供奉的神灵是女性（例如龙母），那就是"母龙"。礼乐人说的"桡"就是划龙舟的桨，礼乐的桡都有一个太极图案，各坊社的桡以颜色来区分，例如朱紫

赛道上红桡是乌沙的龙舟，花蓝桡是朱紫坊的龙舟（江门市非物质文化遗产保护中心提供照片，付师华摄）

坊的花蓝桡是蓝色,东门坊的黄桡是黄色,乌沙坊的红桡是红色,礼乐人一看船桨就知道是哪个坊社的龙舟了。各坊社有自己的龙舟师傅,在本坊社物色有潜质的扒丁(龙舟划手),在本坊社集中训练。龙舟竞渡时,堤岸上观赛的各坊民众,一看见赛道上本坊龙舟桡的颜色,就会特别起劲高呼"加油!加油!"给本坊龙舟鼓劲。

得第一名的龙舟,在赛后要到各个村去向村民谢礼,拜祭该村的村庙,以示尊崇;随后这条龙舟还要在各河涌巡游三天。晚上演大戏,龙舟的扒丁有坐在前排的优先权,其他各村民都可自由观看。各村对"公龙""母龙"一视同仁,绝无"性别歧视"。赛后吃龙舟饭,除了龙舟的扒丁有专席之外,全村各家各户都有份,村民只要带上一个大碗和一封随心所出的利市(红包),递给主持龙舟饭的人,他就会给村民满满盛上一大碗龙舟饭,让其带回家去分享。

礼乐龙舟最大的特色是赛程超长。

以前礼乐大沙田区水面宽阔有如海面,同天际线相连,船艇任其纵横,养成了礼乐龙舟的豪爽大气。按照古老流传下的竞技模式:礼乐龙舟的阵容非常庞大,礼乐龙舟长36米,属于珠江三角洲较长的传统龙舟之一,每条龙舟正式参赛的扒丁、鼓手、锣手共71人,8条龙舟共568人。礼乐龙舟的承重超过一般的龙舟。礼乐龙舟比赛要在全长5至8公里的赛道上来回划行14次,总赛程有六七十公里,需不停歇地发力狂划4个多小时,扒丁在全程都采取站立姿势,体力消耗极大,就靠拼耐力和韧性,所以人称礼乐龙舟为"龙舟马拉松"。

由于五月初五端午节南方天气已酷热,在旧时为了保障"龙舟马拉松"顺利进行,礼乐正式的龙舟竞赛多数安排在农历八月举行,一来是沙田农耕事了,如果好年成就容易筹集经费;二来是天气秋凉避过了酷暑。现代礼乐龙舟赛事适当缩短了赛道,龙舟赛事固定在端午节期间。

"龙舟马拉松"比赛时,扒丁为坚持在长程赛事中好发力,要站起来划。这是指挥、技艺、力量、中气高度结合的重竞技运动,因此对扒丁的选拔和培养至关重要。赛前,每只龙舟初选100多名运动员,训练

扒丁全程采取站姿的礼乐"龙舟马拉松"（江门市非物质文化遗产保护中心提供照片，许和发摄）

期7天，每天4小时。在训练中，老师傅在岸上长时间观察每一个人的表现，然后提出建议，逐天挑选、淘汰、补充人数，到第5天才定出正式参赛的运动员。我同礼乐龙舟非物质文化遗产保护项目传承人交谈，知道他平时在礼乐乡间从事生产和娱乐的舟楫活动中，已经开始留意观察村中年轻人的身材、体质、骨格、气度和潜质，从中物色可以培养成龙舟扒丁的好苗子，此后他还要在日常的舟楫活动中指点他们的龙舟竞赛技艺。好苗子经过三至五年的师徒传授，才可以成为合格的扒丁，以后经过更刻苦的磨炼，才能上升到舵手的资格。在龙舟竞赛集训期间，他还要注意每一位扒丁的特征，把他们安排到最适宜发挥自身作用的龙舟的特定位置上。我还发现他竟能够根据扒丁的肠胃消化情况，判断出他们的体质状况，及时调整饮食对策，使他们保持旺盛的运动状态。我不由得深深佩服，礼乐龙舟习俗真是深入到礼乐人的心底里！

礼乐人对龙舟习俗很有一番讲究，有一套历史上承传下来的习俗规范。例如：他们的新造龙舟要下水，但从不说"龙舟下水"，而是说"龙舟升水"，永保升腾不下的气象；新龙"升水"要择吉日良时，时

新龙"升水"（江门市非物质文化遗产保护中心提供照片，许和发摄）

间的尾数必须是"1"，如8点1（8：05）、9点1（9：05）等，把"一"字突出来，争"第一"不忘于心。新龙"升水"时，运动员穿起新运动服，腰系红布带，口中含着橄榄，不准说话，除了保持肃静的神圣感，可能还有永不泄气的取意；当众人协力抬起龙舟"升水"的时候，舵手立即要把龙尾拔除甩下河中，这叫"甩尾"，寓意比赛时永不落在尾后，要把对手甩开。龙舟赛前有"采青"的仪式，他们要燃放鞭炮，击鼓鸣锣，专程划龙舟到沙田区叫"第一氹围"的地方采青，龙头舵手跑入围中挖出一墩水稻，把根尾端去掉，只留头梢，放在龙舟头部。这样采青有两重寓意：一是龙头舵手跑入第一氹围中，就是意味着本龙舟在赛事中头名"入围"（即进入前"三甲"），且是"第一"；二是把水稻尾端去掉，只留梢头，放在龙舟头部意味着不要"尾"，只争"头"。礼乐大沙田区水网纵横，桥梁也多，在龙舟赛事的时候，但凡龙舟经过的桥上都没有人站立，这种习俗自觉维护龙舟的神圣，也表达了礼乐龙舟永不在人下的意志。这些习俗都透露出礼乐人从不落人后的常胜心态。

比赛开始，在长达5至8公里的赛道两头各设置一个"龙门"，两头的龙门各插上8支长竹竿叫"标竹"，标竹分别扎上8个坊社不同颜色的龙舟桡，龙舟桡还扎一个竹筒并插上"标旗"，让各龙舟的运动员从远处就能辨认出自己赛道上龙门的位置。鸣炮开始比赛，各坊社放龙，千桡齐划，运动员发劲声、观众喝龙声、爆竹声响彻龙门赛道。各龙舟划到自己龙门的标竹夺下标旗，就算完成一段赛程。礼乐龙舟要在全长5至8公里的赛道上来回划行14次，"夺标"14次，龙舟调头也要十多次。礼乐龙舟从不以拐弯来调头，而是全体扒丁在龙舟上原位快速转身，使龙舟以头为尾，以尾为头，然后再往回冲击。这个过程像变戏法一样，转瞬就完成了。但是，礼乐人也从来不说他们龙舟的这个变身过程是以首为尾、以尾为首，他们把"龙尾"说成"龙一"，冲到龙门夺标之后全体扒丁转身，就是"龙一"变"龙头"。也就是说这条龙舟始终是头名、得第一，绝不做"尾"。这就形成了礼乐人龙舟从来没有"尾"，只有"一"和"头"的理念，他们始终保持着前冲在头、争当一哥的昂扬气概。

来自五湖四海、浮家泛宅的礼乐先民来到风波无定的大沙田区，参与珠江三角洲开发，8条大龙舟把他们凝聚起来，为建设乡邦共同发力，绝不落后于人。一般人敬酒，通常就说"身体健康！""万事胜意！"之类的祝词。但是，唯有礼乐人——无论他是生活在本土抑或远处海外，在吃龙船饭时，或者在平时的饮宴，只要一举起酒杯，就会站直腰身高呼一声"扯离佢"，听懂这句话的人也会回应一声"扯离佢"。"扯离佢"是"甩掉他"的意思，原本是礼乐人在赛龙舟时的激励语，高声号召队友共同发力，力争同对手拉开距离，把对手远远甩在后面。后来，"扯离佢"成了礼乐日常习语，一听到"扯离佢"的口号，便知他必定是礼乐人，这是礼乐龙舟习俗给他们打下的深刻印记！

说到曾经在珠江三角洲浮家泛宅的先民，就不能不说疍民。他们在陆地没有恒产，浮泛江湖，在水面上讨生活，明代以前连作为封建国家"编户齐民"的资格都没有。明清以来，他们也没有强大的宗族背景可依附，被民间视为漂泊无定的"水流柴"，这是封建社会的"边缘阶层"，深受社会歧视和排挤。在珠江三角洲大开发进程中，这个群体成了主要的实力军，地方对他们也逐渐改变观念，例如清代顺德北滘的经济发展仰仗水运，疍民在水运事业中至关重要，因此当地民间立下碑铭，刻有不得歧视疍民的规条，地方社会必须遵守。疍民在岭南龙舟习俗中，也开始占有一席之位。

3. 白庙疍家游龙

白庙疍家游龙是端午节俗，盛行于清远市清城区江口镇至石角镇近40公里的北江中下游流域。流域上段峡山盛产北江河鲜，自古有大批疍民在这一带打鱼谋生，清远话以"疍家"呼之。

明清时期，珠江三角洲全面开发，北江是沟通南北的大动脉，民国《清远县志》载曰：北江"上至南、韶、连、英，下至省、佛、陈、龙，凡运输之业，（清远）石马船几占八九外，此只有河西疍家船而已"。北江流经峡山时江流湍急，险象环生。清初，当地靠水运发家的宗族在此地建庙供奉水神金龙大王。该庙外墙白色，故地名"白庙"。这里的疍船家是北江航运的主力，所受歧视逐渐减少，他们也信奉白庙的水神金龙大王。每到端午，沿江大宗族会特邀一些年轻力壮的白庙疍家青年充当龙舟扒丁，以稳操胜算。白庙的疍民也出动自己的龙舟，但因为自古以来疍民是社会边缘群体，所以白庙疍家沿承传统，不参与竞渡。端午节白庙疍家龙舟只是在沿江赛道边缘游弋，不参加赛事，形成别具特色的只游不赛的白庙疍家游龙习俗。

农历四月初八日上午8时，白庙疍家齐集，上香祈福，把龙舟从平时收藏龙舟的龙舟阁抬出来，这仪式是"起龙"。下一步就是"修龙"了，疍家用桐油、石灰等物料制成船舶专用的桐油灰，对龙舟通体维修，以保障船体安全，并用桐油刷船，使船体乌黑油亮。从这个程序中，我们还可以看到古代北江航船的传统保养模式。

农历五月初一上午10时，疍家在大王庙古码头放龙舟入水，然后扒船至对岸圣母庙祈福采青，再返对岸祭江迎水神，谓"振水"。端午

只游不赛的白庙蛋家龙舟（林勇伟提供照片）

白庙蛋家保养维护龙舟（林勇伟提供照片）

"探神亲"水程中的北江疍民龙舟（林勇伟提供照片）

期间，各地龙舟在北江竞渡，但疍家龙舟搭载金龙大王神像和扮演的八仙，到沿江巡游，驱邪纳福，为北江航运水路平安、兴旺发达祈愿。五月初四，疍家龙舟循传统，搭载金龙大王神像到上游江口叔伯塘等村巡游，敬拜当地圣灵大王，谓"探神亲"。

五月初六上午，沿江各镇乡龙舟汇聚到白庙"会扒"，江面上龙舟齐发，并在白庙疍家龙舟引领下巡游，是为北江龙舟习俗最亮丽的画面。

农历五月初十，白庙疍家游龙结束，疍家龙舟在北江上进行隆重的"谢江"祭典，感谢北江和众神的恩典，护佑北江航运兴旺平安，然后"收龙"，把大龙舟藏放于龙舟阁。

白庙疍家游龙虽然不参加端午龙舟赛事，但它别有一番深意，就是调和疍民同其他群体的友好关

白庙疍家"收龙"（林勇伟提供照片）

系和祭祀江神。江口至石角的北江中下游流段，沿途汇聚了滃江、大燕河、滨江等北江支流，形成了庞大的流域扇面。分布其上的疍民群体和各个镇村的龙舟、民众，在白庙疍家游龙时云聚一起，缔造和谐局面，维系北江航运的稳定与安全，在历史上对珠江三角洲经济发展起过一定的积极作用。

现在，白庙疍家已从江河走向陆地，上岸陆居，但大部分人仍从事水上作业。在现代化进程中，北江航运已退出交通主流，然而白庙疍家游龙缔造的精神家园，仍在激励着北江疍民实现业态的现代化转型和乡村振兴！

珠江三角洲的端午龙舟盛事，有一个很神圣的仪式就是龙舟下水前的"龙眼点睛"。据说经过"点睛"的龙舟，才会变成有灵气的神龙，在龙舟竞渡时赛龙夺锦。珠江三角洲有一处在端午节期间专门为各地龙眼点睛的"点睛中心"，这就是顺德勒流的龙眼村。

4. 龙眼点睛

勒流龙眼村据说自西汉起便形成。龙眼村古代四面环水，村民"举步登舟"，熟水性，善舟楫。在这里的唐代遗址考古中曾经出土过一条长达7米的鳄鱼，在古越人的传说中，鳄鱼也曾被幻化成龙，这里古地名就叫"龙渚"。"渚"即水中小洲，"龙渚"字面上是指这里是龙汇聚之处。昔日村口有"龙渚初关"牌匾。在历史发展过程中，珠江三角洲的民众认为新造的龙舟还是"盲龙"，需要到此点睛，龙舟才能获得灵性，成为真龙。该村水路四通八达，周围是辟湾环状的水域，专门供来自各地的龙舟停泊，成为点睛的龙舟聚集之地，于是龙渚又有了另一个古地名——龙船澳，村民还在龙船澳附近建了太尉庙，供奉汉代名相周勃。

农历五月初三，据说是龙开眼的吉日，来自顺德、南海、中山等地的龙舟都汇集到龙舟澳附近的太尉庙进行点睛仪式，于是久而久之龙船澳又有了新的地名——龙眼村。在顺德大良一带，曾有一条不成文的俗规：龙舟"初一扒东门（今大良云路村）、初二扒北门（今大良北区）、初三扒龙眼（今勒流龙眼村）、初四扒旧寨（现今苏溪旧寨村）、初五扒大良"。各地龙舟农历五月初三到龙眼村就是为了点睛；另有"初八扒杏坛"，在龙眼村点过睛的龙舟，还有初八到顺德杏坛龙潭村的龙母庙拜祭龙母祈福的惯例。

每年自农历四月三十日子时，太尉庙的庙主就敲击大鼓三下，大锣三下，此谓"龙舟鼓"，昭示进入龙眼点睛进程；再以供品拜祭太尉，祈祷村中各社、坊风调雨顺，安宁吉贞。

五月初三日早上，龙眼村的埠头遍插彩旗，村民准备好香烛、爆竹、烧酒、生果、利市（红包）。遥闻远处龙舟鼓响，知道是要点睛的龙舟队伍到了，便燃放爆竹，俟外来的龙舟泊定，马上送上烧酒、果品和利市，表示地主之谊，并郑重登记写牌，标注龙舟来自何方。

各地龙舟卸下龙头、龙尾和龙牌，排队轮候点睛。龙头先行，龙牌居中，龙尾殿后，寓意整龙一条。"龙"甫上岸，便接受抚龙之礼。妇女儿童抚摸龙头、龙须、龙角、龙尾，寓意"摸龙头，富贵添寿；摸龙

各地的龙头、龙尾和龙牌，排队轮候进入太尉庙点睛

各地龙舟的龙牌

尾，一年好到尾"。这就是龙眼点睛的"抚龙"仪式了。

如果你检阅这支队伍，一定会时有惊喜：各支队伍都有个龙牌，雕花镂字，注明龙舟所属地名。在来自四乡和各地的龙牌中，有似曾相识而又不知如今落在何方的历史古地名，例如"容溪""桂溪""聚龙坊""新松吉安社""鹿门四坊"之类，这说明龙眼点睛这种端午风习源远流长，各地沿承，至今未有改变。

在队伍中，你会发现有些龙头的龙角特别威风，这可是真正的野鹿之角啊！按照古老的传统，岭南龙舟的龙角是要用真正的鹿角来造的。从考古资料来看，岭南以前麋鹿遍野，鹿肉在越人食谱中常有发现，鹿角也会派上各种用途。鹿角安装在龙舟的龙头之上，给富有传奇色彩的岭南龙舟更增添了好些神圣感。随着岭南地域开发，野鹿少见；现代人也有了保护野生动物的环保意识，装有真鹿角的龙头已难得一见。在龙眼点睛的时候，偶然还可以一睹鹿角龙头的风采，有些是已经收藏百年以上的珍品了。

　　广东有不少"龙舟发烧友"，他们酷爱龙舟，除了踊跃参与龙舟活动，还巴望自己拥有一条龙舟，于是在家中摆放小巧玲珑的迷你龙舟工艺品，因而，生产龙舟工艺品的行业也顺风而起。在龙眼点睛之日，各地厂商生产的龙舟工艺品和私人珍藏家里的"镇宅龙舟"，也被抬到龙

装有真鹿角的龙头

前来点睛的迷你龙舟

眼村点睛，祈望获得灵气。

太尉庙内张灯结彩，香烟弥漫，锣鼓伺候。听闻外面高擎着龙头的队伍来了，这是"有龙来朝"，村民马上擂鼓鸣金，热烈迎接。

"接龙"入庙后，龙舟队员说"万事胜意、龙马精神"等吉利

龙眼村太尉庙

语，然后把龙头、龙牌、龙尾并排放于神像下的拜垫上，自报地名，焚香祷告，祈求太尉继续保佑他们一年顺风顺水，安吉祯祥，人们每拜谒一次，庙中锣鼓即响一下。

下一步就进入至为关键的点睛仪式：太尉庙的祝师口念"顺风顺水，龙头顺到龙尾"等颂词，用龙眼叶将水洒在龙头、龙尾以及神斗、铜锣、大鼓、彩旗上。取新毛笔蘸朱砂，郑重地点在龙睛上，接着脖子两画，龙尾一点两画，完成核心的点睛仪式。笔点龙尾时，笔势必须随龙尾向上点去，切不可凌空横劈，随意点砂，以保持整个点睛次序都是顺势而为，暗喻头尾皆顺，顺风顺水。最后取来一簇龙眼叶喂进龙口，名曰"采青"。

点睛结束，主客双方互赠礼物。太尉庙主持向客人奉上一张红纸书写的"欢迎束"，正书"光临"二字，右下角署上该庙名号，同时赠上米酒、果品、"龙耳"（顺德的一种小吃）等礼物。客人亦回敬礼物，包括回帖、果品和折成三角形的"龙舟符"。龙舟符俗称龙符，是一张黄纸，盖有或圆或方的印章，上写天真活泼、长命富贵等吉祥语。据说小孩携带此物可辟邪、镇惊和保平安。

点过睛的"龙"不得从原路退回去，而是由专人指引从大殿的左厢门进，再由右厢门出大路，俗称"行大运"。

点睛结束后，龙舟以三进两退的仪式叩拜作揖，以谢神恩，然后绕河游弋。为了吸引群龙多作停留，沿河设置"赠礼台"。赠礼台以村坊

龙眼村太尉庙的祝师为来自各地的龙头"点睛"

为单位，设十个赠礼台，加上主礼台，共十一个赠礼台。村中梁氏大宗祠也会送出礼物。礼物包括生果一对、生葱一把、利市（红包）一叠、水酒一对、鸡鸭一对。村民恭请龙舟沿涌过门，隔着水面用长竹竿将礼品挑起送给健儿，拜托他们将美好祝愿带回家中，施惠播福。

龙舟宴俗称"龙舟饭"。远来的龙舟点睛后，便卸下自备的饭菜进食。村民带着红包，取了他们的龙舟饭和龙舟符回去给孩子们，祈求孩童快高长大。

当天，各地人们汇聚龙眼村观赏游龙，晚上请来戏班演"龙戏"助兴，庆贺龙眼点睛仪式顺利完成。点睛仪式结束，各地龙舟稍事休整后回程，五月初八要再划起龙舟到顺德杏坛的龙母庙拜祭龙母，这样才算功德圆满。因此，龙眼点睛习俗又称"龙头祭"。

岭南有些地方没有适合划龙舟的水道，或者有其他缘故不能下水划龙舟，但人们强烈的龙舟情结总要纾解，在陆地上也要过把瘾，于是又有陆地游旱龙的龙舟习俗。

5. 旱龙舟

游旱龙的习俗流行在潮州市饶平县的大城所。大城位于粤东的东里半岛上，与福建省相连，濒临浩瀚的南海，控扼粤东海上航路，在古代是海防重镇之一。明朝按照卫所制度，在大城设立"大城守御千户所"军事建制，驻军防守，"大城所"以此得名。大城所置东、西、南、北四座城门，城内二三十条街巷全部贯通无阻，以利于军事调动。城内有城隍庙、关帝庙等14座古寺庙。大城所内有36个姓氏家族，城周围有30多条自然村，大多是当年驻守所城军人的后裔。明代《东里志》记载：端午节"大城所结彩为龙舟，或以彩纸糊之，各扮故事，演戏竞日"。可见大城所游旱龙舟，至少已有600年历史。

每年端午节前，大城所的人就用竹片、彩纸、纸绣球扎作旱龙舟。彩纸分为粉红色、赤褐色、青色、紫色、大红色、黄色，分别扎成六条不同色彩的旱龙，有头有尾，龙腹中空，形像龙舟，故名"旱龙舟"。六条龙舟分别代表大城所中的城隍庙、玄天上帝庙、关帝庙、五显圣爷

游天后宫的红色龙舟（潮州市非物质文化遗产保护中心提供照片）

游鹤松庵的黄色龙舟（潮州市非物质文化遗产保护中心提供照片）

游城隍庙的紫色龙舟（潮州市非物质文化遗产保护中心提供照片）

庙、天后宫、鹤松庵六间庙宇。

端午节期间，六条旱龙舟分别在农历五月初一至初六出游。轮到代表本庙旱龙舟出游的那天，旱龙舟的队伍从自己的本庙出发，先燃放地炮，由一位父老在前引路泼洒"红花水"，象意龙舟在水中游行，然后鸣锣十三声开道，归属本庙的少年手持着彩旗，青壮年男子有些手挽着结彩的旱龙舟，有些肩扛着"老爷"（潮州话指"神像"）、香案，老辈在龙舟后助阵。几十人护着神像和旱龙舟，锣鼓喧天，穿街过巷游于所内各个角落。队伍在行进过程中，还有乐队伴随着艺人扮演戏剧故事，叫"扮景"。扮景的取材多是反映历史上所城保卫海防，军民共祈求平安吉祥的故事。队伍浩浩荡荡，所到之处，乡民夹道喝彩。旱龙舟每到城门和衙门都要燃放地炮三响，以示敬礼长官。

游行路线按传统规定，五月初一、初四、初六旱龙舟游到西门外，五月初二旱龙舟游到北门外，五月初三旱龙舟游到南门外。旱龙舟游出城门后，孩子们可以哄抢旱龙舟的部件和绣球，拿回家去安插，祈求平安。五月初五端午正节的当天出游的旱龙舟与其他庙社的旱龙舟有所

卫所军人戎装扮相的游旱龙舟队伍（潮州市非物质文化遗产保护中心提供照片）

大城所旱龙舟出游（潮州市非物质文化遗产保护中心提供照片）

不同，各家各户都要等到这条旱龙舟来到，在司命公（潮州话指"灶神"）前进香祷告，祈求人丁兴旺，五谷丰登，海防平安，安居乐业。

大城所濒临大海，东门外有港湾，城外四乡也有河溪，端午节不能赛龙舟是另有原因的。大城所曾经承担着保卫东路海防和抵御海盗、倭寇的军事职能，军法严明，因此不能组织大型龙舟赛事。军民在端午佳节虽然有龙舟竞渡的愿望，但守土有责，只好选择在城内游旱龙，借此祈盼军民平安，粮饷器械供给正常，海防平靖，仕农工商百业俱兴。于是，大城所每年兴游旱龙，且愈来愈盛。

大城所军民来自五湖四海，带来了中原文化、客家文化和闽粤沿海的海洋文化。游旱龙舟这一民俗活动，从旱龙舟的制作工序、技艺到游旱龙舟的过程，又注入潮州工艺、潮州音乐、潮州刺绣等元素，有潮州文化的特色，形成独特的审美价值、人文价值和端午节龙舟文化意蕴。游旱龙舟队伍的扮景又充分展现了明清海防前哨军民的英姿。大城所端午节游旱龙舟，活动主题明确，600多年来从传统到发展，在游动中吸纳各个时代的精神。

（四）乞巧节

发端于中原的远古节俗，有些在中原已经式微甚至消失，但在岭南却比较完整地沿承下来，并且在各地风土化，形成新的节俗特色，例如广州、东莞等地的乞巧节。

1. 广州乞巧节

广州乞巧习俗主要分布在天河区、番禺区、黄埔区。广州人历来重视过此节，旧时广州的上九甫、下九甫、第十甫等商业区，还形成了专卖乞巧节女子品物的专业街市。现在，乞巧习俗仍然盛行于广州市天河区、番禺区、黄埔区等地；另在东莞市的望牛墩、道滘等乡村也仍传承着传统风味较浓的乞巧习俗。

广州乞巧节隆重、华美的仪式为国内他处所未有，节日活动包含摆巧、拜仙、乞巧、吃七娘饭、看七娘戏等诸多内容。节日以摆巧为主要内容，并形成独具特色的传统七夕工艺系列作品，如斋塔、芝麻香等。拜仙仪式是广州乞巧节的重要特色，祭拜的对象不仅有牛郎、织女二星，还包括织女的六个姐妹，因此民间又称乞巧节为"七姐诞""七娘诞"，或"摆七娘""拜七姐"。

广州近郊的乡村多有大宗祠，这个传统的"男性中心"在乞巧节期间必向族中的女子破例开放。旧时女子借助宗族的力量，把乞巧节活动做得红红火火，有很浓厚的"赛会"风味。现在，祠堂的功能已经现代化，但此风犹存，以天河区的珠村为盛。

珠村是一个有800多年历史的聚族而居的古村落，村中潘、钟两大族姓于南宋年间自中原辗转迁徙而来。珠村一直有摆七娘的风俗，明清时期十分盛行。珠村人有一句口头禅："男人扒龙舟，女人摆七娘。"足见乞巧是广州女子可以同男子龙舟攀比的最典型的盛事。珠村摆七娘十分盛行。珠村历史名人潘名江曾写《珠村七夕吟》，开首几句："珠村大祠堂，要摆大七娘。小女勤乞巧，男儿换靓装。"反映出珠村全村参与乞巧节的盛况。

旧时，广州传统的摆七娘活动分为摆大七娘和摆小七娘。摆小七娘多由单家或联户举行，形式简单，都在自家厅堂进行；在没有车行的大街小巷，还可以沿街摆列，张灯结彩，活动通常是"灯火到天明"。摆大七娘则要"摆"去村中的大太公祠堂（大宗祠），还要很多族人参与打点，提前好几个月做准备。无论摆大七娘还是摆小七娘，节日内容大体都包括四个方面。

（1）摆巧，即摆七娘

过去摆七娘都是先期备办，如浸谷秧，准备供品、鲜花、时果、手帕、枕头花等女红绣品、小盆花、巧手自制的工艺品等。浸谷秧在过节前就要提前准备，以小水盆泡发谷粒、麦粒、豆子等种子，待其发芽长高成秧苗，青翠欲流，然后在摆巧时一盆一盆摆上贡桌，像个小花园，俗称"秧针""仙禾"。

过去的工艺制作主要分两大类：一是砌作，二是扎作。砌作的原料主要有谷、米、粟、豆、芝麻、果实、果仁、壳类，草木的枝、皮，动物的鳞、甲、毛、皮，纺织物碎料等。材料经过筛选，用砌花工具，按一定排列拼砌而成花鸟虫鱼、人物服饰、头饰、盔甲、古今建筑、山河等。在砌作的作品之中，最引人注目的是反映各种题材的人物造型。这些人物的摆设还特意"客串"成民间故事、戏剧场景、乡村生活、市井风情，粤语称"七夕公仔"。这是摆巧中最为出彩的部分。

砌作、扎作的景物造型［广州市天河区文化馆（天河区非物质文化遗产保护中心）提供照片］

扎作是七夕工艺的另一种形式，主要是指花卉扎作和大件工艺品扎作，原料主要是竹、篾、铁丝、色纸、通纸、绢布，经师傅指导扎成各种花卉，还用特别的泥土做成各式大小花盆、花桶、花座、石台、石凳等。摆展从农历七月初六下午开始，过了初八才撤掉，前后持续三天。参与摆巧的全部是未婚女性。出席摆巧和穿针比赛的女子还被称为"巧女"。

现在，摆巧时间从三天延长到一周，大大增加了摆巧的大众观赏期。

（2）拜仙，就是拜七娘

过去，夜到三更时分，由老姑婆（自梳女）带领未婚女子举行叩拜七姐之礼，接连七次，称为"拜仙"。珠村现在的拜仙虽然改在白天进行，但整个仪式完全按照过去的程式：先是致辞、司仪朗诵乞巧祝文，接着玉女上香、对拜、洗手、祭仙，最后玉女合唱乞巧歌。参与拜仙的女子通常是8位巧女和10位玉女。

拜七娘［广州市天河区文化馆（天河区非物质文化遗产保护中心）提供照片］

（3）乞巧，就是"赛"的环节，过去称为赛巧

拜仙之后，在微弱的灯光下进行穿针比赛，名曰"对月穿针"。先穿过的便是"得巧"，落后的则是"输巧"。目前广州的乞巧节再现了"对影穿针"的游戏，不过被合并到白天的拜七娘仪式中。

赛巧上的"对影穿针"［广州市天河区文化馆（天河区非物质文化遗产保护中心）提供照片］

（4）吃七娘饭、看七娘戏

过去，摆七娘期间，参与乞巧会的妇女会有一个小型的聚餐，一方面，加深姐妹之间的情谊，另一方面，也希望通过吃七娘饭获得七姐的保佑。吃七娘饭是在大太公祠堂。珠村现在吃七娘饭不再限于妇女，整个族姓的人不分男女都可参与。珠村粤曲私伙局（即曲艺社）的全体演奏者都参与到拜七娘的仪式中，演奏《天河会》《一锭金》等应节应景的粤曲曲目，还请中山市粤剧团、广东省粤剧团等专业剧团来"做大戏"（粤剧），整个村子及附近的人都能看七娘戏，大饱眼福。

因为广州乞巧节是全国少见的民俗盛事，历代多有竹枝词、笔记、小说等文艺作品反映其盛况，可以从中领略到旧时乞巧节俗的风味和文化蕴藏。南宋诗人刘克庄来到广州，认为当时的广州不亚于北宋都城汴梁（开封），他亲见粤人过乞巧节的盛况，留下了最脍炙人口的竹枝名句："瓜果跽拳祝，睺罗扑卖声，粤人重巧夕，灯火到天明。"刘克庄来广州想起汴梁，不纯是发思古之幽情，他从粤人的乞巧节看到了曾是天子脚下的汴梁的七夕遗风，看到了中土远古文化根魂在岭南的流播和延伸。

他看到的"睺罗"是汴梁乞巧节的旧物，原名全称是"摩睺罗"。在北宋时期，汴梁乞巧节的摆设展示必有"摩睺罗"，那是用金银、丝绸等高贵物料制作的工艺品，造型通常是翩翩少年，价值不菲。在追念北宋汴梁繁华景象的历史文献或笔记中，例如《东京梦华录》《武林旧事》等对"摩睺罗"都有记录。《东京梦华录》记汴梁七夕盛况："七月七夕，潘楼街东宋门外瓦子、州西梁门外瓦子、北门外、南朱雀门外及马行街内，皆卖磨喝乐，乃小塑土偶耳。悉以雕木彩装栏座，或用红纱碧笼，或饰以金珠牙翠，有一对直数千者。禁中及贵家与士庶为时物追陪。"文中提到的"磨喝乐"，在其他文本中也作"摩合罗""摩孩儿"。之所以有不同的叫法，是因为这是从外语翻译过来的，译法各异所致。这里问题就来了：这"洋小子"是哪里来的？经研究者揭示，唐宋中外文化交流活跃，发源于波斯的拜火教一度传入中国，其影响仅次于佛教。这个"摩睺罗"是拜火教传说中的一位神，形象就是个翩翩少年，他的祭典节日是七月一日至七月七日，恰好同中国人的乞巧节重合，拜火教的一些节日风俗也渐被中国的传统节日风俗所吸收，在宋代的汴梁演绎得尤其精彩。汴梁乞巧节摆列的"摩睺罗"在中国已经民间化了，商人按照民间的想象把他制作成节日供奉的人物造型工艺品，至于他的宗教初衷，民间已不考究。刘克庄发现已经在中原失落的乞巧节

七夕公仔［广州市天河区文化馆（天河区非物质文化遗产保护中心）提供照片］

文化，竟然在岭南找到了落脚点。他在广州重会"摩睺罗"，定然感慨良多，只不过广州的"摩睺罗"是以"扑卖"的方式交易而已。"扑卖"就是以博彩定输赢的方式来买卖，这又符合了粤人喜欢"博好彩"的天性。随着历史的流逝，"摩睺罗"已经在岭南完全风土化，成了岭南人，现身在广州乞巧节上就是各种美不胜收的靓丽"七夕公仔"，人们已经全然忘记了他的来历和他原本在开封的范型，只在乎他在广州"出赛"时呈现的精湛制作技艺和艺术效果。

至于摆巧上摆放各种植物"秧针"的习俗，在《东京梦华录》也提到，七夕"又以小板傅土，旋种粟令生苗，置小茅屋花木，作田舍家小人物，皆村落之态，语之'谷板'"。其实是仿效"摩睺罗"祭典节日仪式上摆设的微缩版花园，其远根可能来自古希腊神话传说中的天国花园。有研究者惊叹，汴梁和广州乞巧节中的文化现象竟然可以追溯到两三千年前的两河流域文明，认为广州乞巧节堪称"源远流长的世界性文化遗产"。是的，岭南民间节俗中有太多来自远古中华文化的"遗传密码"等待我们破解。

以植物种子、秧苗制作的花园景物［广州市天河区文化馆（天河区非物质文化遗产保护中心）提供照片］

（五）中秋节

中秋佳节，人月两团圆。明月当空，合家团聚，赏明月，切月饼，剥芋皮，吮田螺，开碌柚（柚子），这是广东人的老记忆。但是，近几十年来中秋节俗大变，中秋假日乃至秋季，大家都出门去，尽情享受广东人过秋的另一番文化风味。

1. 佛山秋色

明清时期，作为天下"四大镇"之一的佛山，工商业发展水平在全国屈指可数。佛山的街区划分别具特色，分为二十多个"铺"，各铺各行各业的手工业产品美不胜收，当时号称"省城广州有的，佛山必有；佛山有的，但广州未必有"。佛山文教随着社会经济发展而兴盛，整体人文素质较高，文化艺术繁荣，其人文气象有"气标两广"之称，因此，佛山的民间节庆习俗展现整体经济文化成果的意蕴相当浓厚，尤以"佛山秋色"为最。

关于佛山秋色的起源，说来话长。明朝正统十一年（1446）黄萧养暴动，围攻佛山，佛山人奋起抵抗。适逢中秋，佛山父老们指挥本地少年趁着夜色的掩护，假扮武士，结队出行"演扮秋景故事"，昼夜不停地鸣金击鼓，巡游周边，使对方无机可乘，且为疑兵所阻吓，只好撤围而去。此后，佛山二十多铺每逢中秋或秋季重演故事，遂成风俗，故又称"秋宵""秋景"。《佛山忠义乡志》称"佛山秋景，实由此始"。古代粤人传统，把各种技艺在赛会上呈现出来让人们观赏，称为"出色"或"出景"，故"佛山秋色"成为民间习称。

清代以来，随着佛山商业区、手工业区、居民区三大区划的形成，出秋色演变为各铺区展现才艺的民间大游行盛会，在每年农历八月十五举办。佛山秋色有岭南民间赛会性质，从二十多个铺中选出的"会首"，协调组织各铺民众，以民间文化艺术形式，举行大规模的秋色游行活动。秋色赛会前，将举行的具体日期及某某武馆醒狮随行的告示

（民间俗称"招纸"）张贴于游行队伍所经过的街道，便于民众到时沿街有秩序就近观景；也知照沿途的店铺商户预制赏赐用的绣旗、银牌等物，以便打赏比赛的优胜者。各铺队伍到时会合，按统一安排路线出游，故又称为"会景"。集传统手工业技艺、游艺、戏剧、音乐、舞蹈、杂技、美术于一体的佛山秋色，此时臻于成熟。它随着佛山城镇的经济发展而不断丰富、前行，并通过各行各业各呈其艺、争雄斗胜的"秋色赛会"，不断创新和提高，竞技性更加强烈，形成了独具佛山特色的民间中秋节俗。佛山人陈炎宗曾以"灵应祠前，纪纲里口，行者如海，立者如山"记载乾隆年间佛山秋色的盛况。

鸦片战争后，佛山秋色逐渐走向衰落。新中国成立后，濒临失传的佛山秋色经过发掘、整理与传承，得以重获新生。佛山秋色展现出广泛的群众性、浓郁的艺术性、精巧的工艺性、突出的娱乐性和奋发的竞技性，具有很高的历史、文化和艺术价值，早在2008年就被选入为第二批国家级非物质文化遗产名录。

佛山秋色出行之日，未及黄昏，大路两旁早已人山人海，欢声笑语直上云霄，来自各方的各行各业的游行队伍汇合等待出发。入夜，时刻一到，只见扮演"报马"的角色身披白银甲，头戴雉尾冠，英姿飒爽，

佛山秋色起行（彭飞提供照片）

飞报马："秋色来啦！"（彭飞提供照片）

佛山秋色的罗伞团队（彭飞提供照片）

模仿骏马飞驰而来，这扮相是粤剧中报讯的"斥候报马"，又叫"飞报马"。"报马"飞来，人们立时肃静，知道是预报游行队伍起行了。"报马"之后，紧随四只高高举起的大灯笼，横书"佛山秋色"，随后就是游行大队的信号灯、开路队、头牌、罗伞，引导整个大队伍。

（1）佛山秋色队列最精彩的是各种"出色"

灯色：大型头牌灯分底座、灯身、顶层，高达数米，大灯中有小灯，通明透亮，富丽堂皇。一般的灯色有走马灯、鱼灯、龙灯、鸟兽灯、瓜果灯以及各类形态的宫灯，还有用木刨花、灯草、谷壳、稻草、通草、各色豆子等随手拈来的手工业生产废料或普通的农产品做材料，出奇制胜，精心制作的秋色特艺灯。

车色：以扎作工艺做成故事所需的楼阁或庭园式的长方形车架，缀上彩灯；表演者装扮成各种戏剧人物，在车中摆出一套套的造型，也有表演者凌空飘逸在"车心"之上，恍若仙人。过去车色是用人力推车，现在用机动彩车了。

担头秋色：表演者每人一担货物，肩挑步行，悠悠晃晃，货担有岭

各种车色（彭飞提供照片）

南瓜果、蔬菜、鱼虾蟹等海鲜河鲜，其实这些都是精心制造出来的能以假乱真的像生"货物"。旧时佛山有三街六市和墟场，民间贸易非常活跃，担头秋色令人回忆起秋日丰收，佛山四乡农民担起货物兴高采烈趁墟的风俗画面。

马色：与"报马"不同，旧时表演者必须男扮女装，骑上骏马扮演故事人物，如《花木兰从军》以及《穆桂英挂帅》等。现在的马色是来自各地的非物质文化遗产项目，例如布马舞等，已舞蹈化了。

台面秋色：用台面展示各类盆景石山，古玩器皿，花卉如桃花、吊钟、木棉、牡丹、菊花以及粤菜点心、菜肴等，这也是工匠制造的像生秋色工艺品。台面秋色以各种原材料手工制作的名茶美点、瓜果时蔬，工艺精巧，以假乱真，大考观众眼力。

台面秋色（彭飞提供照片）

"台面"的像生瓜果

水色：岭南水色原本是在水面的真船表演，但佛山秋色把水色搬到陆上。陆上行舟有珠江三角洲常见的龙舟、紫洞艇、采莲船、花舫等，旧时全部道具均是扎作、雕批工艺品。用竹篾扎成各种舟形，绘画各色图案，周围还有数十人舞起水旗，掀起滔滔"细浪"，大队"船只"追随秋色队伍"破浪前进"；艄公、渔女立于"船"中，手执纸制船桨边行进边划船舞蹈。不在水中，胜似水中。现在，外地非物质文化遗产项目的旱地龙舟、扒旱船等也参与进来，配上音乐伴奏，锣鼓铿锵，载歌载舞，更加精彩。

地色：人一边在地面行进，一边表演故事和笑谈杂剧，有些还是老佛山的地方历史故事，如"澜石喜迎状元郎"等。地色是佛山秋色最古老的传统形式之一，可能是因为早年佛山经济刚起步，文化生活俭省，所以地色最大的特色就是简朴，可以在随行队伍中自由发挥。现代佛山秋色的地色内容已丰富很多了。

佛山秋色的制作工艺，尽显佛山工匠的匠心，以构思巧妙、用料奇特、工精艺绝著称。

（2）彩扎工艺

彩扎是用竹篾或铁丝为主要原料，用纱纸或丝绸扎制的造型艺术。清道光《佛山忠义乡志》有"本乡扎作极有名，人物故事尤精，外乡多来购之"的记载。彩扎工艺多用于制作秋色的灯饰。灯饰主要分为竹织灯、纱灯、开合伞灯、彩灯与秋色特艺灯等五种。竹织灯用极纤细的竹篾编织而成，形状有腰灯、蛋形、莲子灯、斗方、福货、元货、粗货、手灯等八种不同花式。纱灯规格灵活多样，主要有兰盆、八方、六角、四方等形状，是以铁丝扎外框，蒙上明纱，绘上花草图案和诗句。秋色鱼灯是出秋色的巨型灯式，巨型的鱼灯长达四五米，用铁丝扎成各式鱼类的轮廓，在明纱上绘画鳞片，鱼腹内点燃十数盏明灯，数人持举，鱼贯而行，是秋色中的一幅多彩多姿的水族夜游图，别有一番情趣。秋色特艺灯选用各种材料剪裁成各种花纹图案，粘贴在灯上。用木刨花粘砌的叫"刨柴灯"，用芝麻粘砌的叫"芝麻灯"，还有通草灯、鱼鳞灯、灯芯灯、稻草灯、瓜子灯、豆子灯、明瓦灯、刨柴罗伞、稻草罗伞、灯芯罗伞、鱼鳞罗伞、通草罗伞、稻谷罗伞等。

佛山彩灯，集元宵灯、中秋灯的精华，品类繁多，有茶灯、八角灯、莲花灯、鱼灯、蟾蜍灯、南瓜灯，栩栩如生，工艺精绝。折灯，可折叠而藏；伞灯，可开可合，可持而行。还有些巨型的彩灯，分为多层，利用走马灯的原理，把一套套的戏剧场面动感地、活灵活现地呈现出来，令人目不暇接。现在走马灯还用上了声光电等技术，艺术欣赏价值更高了。

（3）粘砌工艺

秋色粘砌工艺的主要特点是巧妙选材、独特的构图和精绝的技艺。用于粘砌秋色艺术品的材料大多是废物利用，艺人巧妙地运用材料本来的色泽、纹理、形状、质感、可塑程度等特点，一支稻秆、一片刨花、一段废木，只要经过艺人的精心设计、巧手粘砌，便成为一件件精美的秋色艺术品。粘砌的种类有芝麻粘砌、刨柴粘砌、谷壳粘砌、鱼鳞粘砌、灯芯粘砌、通草粘砌、稻草粘砌、明瓦粘砌、豆子瓜仁粘砌、朽木粘砌、蜡塑粘砌、蚕茧粘砌等十余种。

传统的粘砌作品有宝鼎、人物、采莲船、花篮、宫灯、罗伞等。图案有金钱、万字、梅花，还可粘彻出一套套故事人物，细致精巧。最有特色的粘砌，是用木材加工剩下的刨花（粤语称刨柴）粘彻的大牡丹。把刨花剪成牡丹花瓣形状，再粘砌成花蕾、小花朵、大花朵，用纸制成几片绿叶，香胶纱纸制成花茎，用纸塑工艺制成花盆，纸团涂过泥浆做泥土，一盆盛开的大牡丹便活灵活现了。如果不说破，很少有人知道粘彻工艺的物料多是佛山手工业和农产品加工产生的废弃下脚料。当年，国家领导人郭沫若看到了佛山秋色的粘彻工艺品，不禁惊叹佛山人"化腐朽为神奇"！

（4）纸扑工艺

纸加工业曾经是佛山的一大产业，因此纸扑工艺也成了佛山工匠的一大强项，著名的佛山狮头制作，其中一道重要工序就是纸扑。纸扑秋色作品题材广泛，无论夏彝商鼎、名窑陶瓷、人物蔬果等都可用纸扑工艺制成，足以乱真。纸扑秋色艺术品的工匠用泥做一个仿真实物的坯模，用吸足水的纸逐张贴在泥坯外表，俗称"打水底"，贴到一定厚度，待纸扑层干透后，把纸剥开，取出胚模，再精心装饰整个成型的纸扑。

纸扑秋色的工艺品主要有仿陶和像生两种。佛山石湾陶瓷名满天下，佛山工匠纸扑的仿真陶瓷也别具匠心。在近百年佛山秋色纸塑工艺的发展史上，工匠艺人不断研究革新。传统的纸扑仿陶瓷工艺作品用木油、猪油、漆灰做纸扑仿真陶瓷的釉料，可以仿制出全国十大名窑的艺术品。后来，艺人革新了釉料，不用石湾陶器作为底模，创作出"滚龙醉红吐白胆瓶""水滚龙绿釉大龙樽"等纸扑作品，看起来就是精美的佛山陶艺作品，曾经轰动佛山城，被大众公认为是秋色的纸扑精品。纸扑的像生工艺品有菠萝、芭蕉、甘蔗、芒果、柚子、丝瓜、马铃薯、芋头、茄瓜等，大至冬瓜、小至花生米，都可用纸扑制成。以富民铺、观音堂铺的秋色艺人最为拿手，他们制作的纸扑甘蔗，连一条条蔗须都历历可辨。佛山美食也是广府美食的代表，因此纸像生工艺品绝少不了食材和制品，如烧猪、蒸鱼、烧腊或一碟碟的品牌菜肴，还有大厨的工具，如碗、碟、刀、秤、砧板、酒埕等。这些纸扑作品多是摆上台面秋色中展示，因而有些纸扑艺人也被称为"台面王"。台面上的仿真美食，可令旁观者垂涎欲滴。

此外，佛山秋色工艺品创作还综合运用了佛山手工业生产和农作物加工业的其他各种技术绝活，无不令人叹为观止。例如用纸扑、香胶塑工艺可以造出一个佛山街市常见的卖鲜鱼场景，用纸扑的水盆里盛载的一尾尾鲜鱼是用香胶仿造，摇头摆尾，栩栩如生，加上表演者边走边扬声叫卖，生动而逼真，富于浓郁的佛山乡土气息。蜡塑工艺除了塑制

佛山工艺大师何信创作的仿生塘虱鱼

花卉、玉器、鳞蚧、禽鸟和点心食品，还可以同其他工艺组合产生出人意表的艺术效果，例如猪肉摊档用蜡塑法塑出一方方的猪肉，有半肥半瘦的、全瘦，以及猪肝、猪腰等。《佛山忠义乡志》中载"状屠沽之杂陈"就属这一类。与蜡塑工艺相似的还有用凉粉塑塘虱鱼。我曾经在佛山秋色中见过几条放在水盆中的塘虱鱼，我用手拨动水面，那几条塘虱鱼竟然摇头摆尾做出想水遁逃逸的样子，原来那几条塘虱鱼是用凉粉雕塑而成的，因此具有柔软灵动的质感。又有用玻璃纸粘成虾形，把煮熟的木薯粉灌入玻璃纸做虾肉，放入水中，透过水影，这虾通体透明酷肖鲜虾，这些都是生动逼真的像生秋色工艺品。

还有雕批工艺、针刺工艺、泥塑工艺等不能一一尽述。这些都是明清以来佛山手工业生产的著名工艺。佛山工匠的创作手法与工艺常新，秋色工艺品也不断推陈出新，历久长兴。

佛山秋色除了工艺品大巡展之外，还有重头戏——秋色舞蹈。

（5）秋色舞蹈

秋色舞蹈表演包括舞龙、舞狮、舞大头佛、舞麒麟、陆地行舟、采莲船、戏剧、武术、杂技以及歌舞等，最出彩的就是狮舞。

佛山南狮，自古以来驰名海内外，狮舞是佛山秋色必不可少的项

秋色队伍中的南狮和大头佛（彭飞提供照片）

目。以佛山南派武术为功底的南狮以阳刚横溢和雄强矫健著称，配以幽默搞笑的大头佛，既刚柔相济，又各具庄谐。它们一出现在秋色队列中，立时可令观众精神为之一振，同时又爆发出哄堂大笑，使赛会以高昂欢乐的气氛贯彻始终。

（6）音乐表演

同秋色表演的大阵容相比，锣鼓柜显得小巧玲珑。一只差不多同人高的柜子，由人杠抬着或推行着，随游行队伍缓缓地前行。这柜子全木制成，雕龙画凤，吉祥图案装饰华丽，贴金和彩绘色彩斑斓，集佛山木雕和装饰工艺于一身，民间音乐家的全副家生"八音"——传统所说的由八种不同材料制成的乐器，就放置在这个柜子上，因而这个柜子又叫"八音锣鼓柜"。因其小巧、机动性强，便于在各地巡回演出，曾一度盛行于珠江三角洲，尤以佛山地区的顺德一带的锣鼓柜最技艺高超，具有流动乐池和舞台巡演的功能，佛山秋色必定有锣鼓柜到场。八音锣鼓的乐器有打击、吹奏、拉弹三大类。打击类有木鱼、沙鼓、扁鼓、大小锣钹；吹奏类有大小唢呐、横箫等；拉弹类有三弦、月琴等，后来还引进了提琴、秦琴、色士风等乐器。民间乐手伴着锣鼓柜一边行进，一边拿起乐器各呈其技。

锣鼓柜边行进边演奏，有传统古曲或民间小调，例如《八仙贺寿》《天姬送子》《得胜令》《鲜花调》《大开门》等；也有模仿粤剧戏曲的套曲或唱段，奏出粤剧生、旦角色的腔调，如《六国大封相》《百花亭闹酒》《花木兰》《八仙贺寿》等，当代创作的《赛龙夺锦》《彩云追月》等新曲也参与进来了。八音锣鼓的演奏风格古朴粗犷而热烈，有很强的艺术感染力。沿途吹吹打打，提升了秋色的热闹气氛，故有"丝竹沿街按节歌"的美誉。

八音锣鼓还有一大特色是比赛演奏技巧。出秋色时，民间乐手可以同时吹奏两支或四支唢呐，甚至用鼻孔吹奏；或者两支横笛一左一右按孔，音调丝毫不差；还有乐手能将三弦等弹拨乐器高举放于头顶弹拨，或架放于后肩膀之上反手而弹，技法极其娴熟，其表演造型与敦煌壁画中的飞天仙女反弹琵琶有异曲同工之妙，有很强的竞技性和观赏性，把观众牢牢吸引住了。

现在，佛山地区还有清代遗存下来的八音锣鼓柜，可谓是中国民间乐柜的镇山之宝了。

（7）十番表演

十番，原本是流行于佛山市禅城区（佛山古镇）及周边地区的民间敲击音乐。佛山古镇工商业者和居民来自五湖四海，据十番行尊老辈所传，佛山十番二百多年前由安徽、江浙传入，经考证现存的佛山十番与苏南的十番锣鼓关系密切。苏南十番锣鼓保留了元代南北曲曲牌，就历史渊源来看，佛山十番有五六百年历史。佛山十番在发展过程中，同佛山地方民俗相融合，成为有浓郁地方特色的乐种，而且佛山各村的十番会也形成了不同流派，各有奇技。佛山十番保存了不少古曲古调，各村十番会至今仍沿承着远古传统的"状声念谱法"。十番音乐通过心传口授传承，堪称中国民间锣鼓音乐的"活化石"。

佛山十番最大特色就是"飞钹"的技艺绝活。艺人以数尺绳子系着小钹，一手执住钹冠，一手甩动绳子系着的另一只钹飞上空中，落下来时要同手执的钹擦击发音，是为"飞钹"。飞钹技法多变，有单飞、双飞、左飞、右飞、反手飞、头上飞、阴钹、阳钹各种花式技法。秋色表演的十番，舞动起来如金蝶飞舞、闪电流星，使人目不暇接；一二十人的十番乐队，行进队列整齐，飞钹发声同曲牌保持一致，技艺高超，更是令人叹为观止。佛山十番被列入第二批国家级非物质文化遗产保护项目名录，实至名归！

佛山秋色，本来就是个民间"赛会"。佛山秋色在工艺品大巡展和秋色表演之后，就到"赛"的评比了，这就是佛山秋色"晒标"的俗例。旧时，观众看到秋色游行巡展的各种工艺品，眼花缭乱，目不暇接，但人人可当裁判，对自己钟情的工艺品或表演项目给予奖励。当时的做法就是在这个项目上作个记号，这个项目就"中标"了。赛会巡游结束后，有专人收标，统计出得标较多的项目。秋色过后，把中标较多的作品集中展示（粤语俚语通常叫"晒出来"），就是"晒标"了。因为晒标在白天举行，佛山地方又俗称"出日景"。旧时晒标十分隆重，通常在祖庙附近搭建彩楼，把中标的作品摆列陈展数日。这些都是经过秋色的观众标记选出的精品，"晒"出来让公众评议，以示公正。

老佛山秋色还有个特色，就是公众除了观赏之外，还可以参与其中，尤其是对少年儿童特别宽容。如果哪个孩子有自己的工艺作品，想露一手，他也可以加入行走的队列，舞弄一番。有缘的话，他的作品也可以参加晒标。这可能是明中期佛山人抗击黄萧养，用少年儿童扮饰各种角色做疑兵的遗风，但也呈现出佛山人对工匠精神从小培育，对技艺公平、公正、公开评价的初衷。

佛山秋色，最初起源于佛山民众捍卫自己的工商业城镇和取得的经济成果，逐渐形成展示民间工匠高超技艺和呈现整体社会经济成果的民俗活动。佛山秋色与时俱进，历久常新。现代的佛山秋色，各地的非物质文化遗产优秀项目同台共演，港澳台同胞、海外华侨、各国友人笑逐颜开，参与其中。秋色巡游队伍长达数里，火树银花，观者如潮，彻夜欢腾，形成万众参与的文化盛会。

中秋佳节，朗月当空，家家除了啖饼剥芋，粤人"对月当歌"，也成了中秋的传统习俗。此风由来已久，屈大均《广东新语》就把粤人歌分为"春歌"和"秋歌"，"秋歌"就是在农历八月十五中秋节唱的。当代粤人生活富足，对月抒怀，尽情地张扬"善歌"天性，中秋对歌会就更加热闹了。

2. 中秋对歌会

每年中秋节的黄昏，珠海唐家湾的鸡山村的晒谷场四周围高高挂起九九八十一只大灯笼，寓意长长久久；东西两边各摆开长凳，供长者和歌手入座。村民在享受中秋大餐之后，换上新衣，带上板凳，全家出动，按自家所在村东或村西分坐在东西两列长凳的后面，形成东西两边对垒的歌阵。华灯初上，圆月东升，村中长者和歌手身着长衫，汇聚于晒谷场。德高望重的长老沐浴更衣，到场主持拜月仪式，以粤人常用的中秋美食炒田螺、月饼、花生、芋仔、菱角、香蕉、柚子为供品，供以香烛，敬以茶酒，双掌合十，对月祈祷，祝本村风调雨顺、五谷丰登，

中秋对歌会的阵容（赵海威提供照片）

俯瞰中秋对歌会的阵容（赵海威提供照片）

百姓出入平安、添丁发财。

拜月仪式后,中秋对歌会正式开始。先由上一年得胜方的主歌手以一首"今晚歌堂系我开,吹箫打笛引郎来,引到郎来跟我唱,一同唱到日头红",或"今晚歌堂系我开,揾齐兄弟一同来,三只大船装满载,还有歌师打路来",拉开中秋对歌会的序幕。东西两边的歌手们开始对歌,你唱我和,我问你答,东边唱罢,西边登场,西边刚停,东边又起⋯⋯如此往复,直至一边无歌可对,方为定出胜负。有时兴之所至,真是要"一同唱到日头红"。

鸡山村靠海近市,渔农两业兴旺,村民歌唱成风,中秋对歌会所用的歌子就是平日村民惯熟的本村鸡山牛歌调,长句和短句穿插,仿古诗略讲平仄押韵,发挥比较自由。往往是唱者动情,听者受益匪浅,儿童喜欢这热闹场面,成年人则借此施展歌才。

长期以来,中秋对歌会已形成三个约定俗成的惯例:

一是中秋对歌会男女老少均可参加,但登场唱歌的只有男人,对歌会是由两队各自挑选出来的"大声公"(粤语指声音洪亮的男人)登场

省级非物质文化遗产代表性传承人、著名老歌手唐程贻(赵海威提供照片)

演唱。女人可以参与，但不可登场，即使平时是男女对唱的歌，在对歌会上也是由男人对唱，诙谐的歌手这时便会假扮女声演唱，给赛事增添点搞笑花絮。现代中秋对歌会阵容逐年壮大，除了传统的成年男性歌手外，女性及青少年也纷纷加入对歌，鸡山村不少外来媳妇也登场亮相，一展歌喉。中秋对歌会上呈现出90岁老人与5岁小孩同场斗歌及男女对歌的欢乐景象。鸡山村中秋对歌会还吸引四方来客，他们早早来找个好位置观赏对歌，外地歌手也想来一角高下，中秋之夜，车队长龙排出村外。

二是允许东西两队各自请村中或邻村有文化的人到现场作词，供歌手即席演唱，因此中秋对歌会的歌曲中亦有不少词藻颇为优美、讲究平仄工整的歌词，反映了当地崇文重教的社会风气。对歌会达到高潮之时，往往形成场上歌手对唱、场下聚众作词的局面，众人斗歌喉、斗文采、斗智慧，一片喜庆。由于广东方言与普通话不同韵脚，有时作词人还会翻查字典。鸡山村老一辈歌手家中竟然还收藏着不知哪个年代的广东方言韵脚字典，其历时久远，残破不堪，堪称文物了。

三是中秋对歌会是村民庆贺中秋的一种方式，其目的不在于争胜

中秋对歌会的歌手（赵海威提供照片）

负，只为讨个吉利，图个兆头。歌会的共同祈愿就是"鱼虾大汛——好江海"或"五谷丰登——好收成"。对歌会如果唱到丑时（凌晨二时左右）仍未分胜负，则由村中长者出来定夺。但村民往往兴致极高，中秋对歌通常会唱到天亮"日头红"。

村中还有些"保留节目"，就是历次对歌会的优秀作品，至今收集的传统佳作有80余首。歌唱内容多反映生产生活、民风民俗，也有情歌对唱、时政及地名歌等。歌词有热情的赞颂，有谐趣的取乐，有生产经验的总结，有人生哲理的归纳。最有分量的是曾经在村中流行的《旧广东府州县地名歌》：

> 广府南番附省城，香山顺德及新宁，
> 增城东莞由斯路，新会新安起共程，
> 清远直从三水过，龙门进步必相经，
> 须知从化言旋北，花县咸称十四名。
> 佛冈厅过南雄州，统辖始兴一邑侯。
> 韶州曲江同廊住，翁源伴外乳源俱，
> 欲寻英德归何处，乐昌仁化是通衢。
> 连州也辖阳山县，欲往连山又一厅。
> 肇庆高要又一方，开平开建及阳江，
> 高明人唱阳春曲，音韵新兴四会扬。
> 德庆欲求知己会，鹤山歌调已为良，
> 碧罗定账东安宿，望断西宁几度关。
> 高州城内茂名衙，电白信宜各一丫，
> 寄语化州人买桔，吴川错认石城家。
> 廉州土产称奇美，合浦珠还胜碧霞。
> 嗟叹钦州同狄海，灵山西省两交芽。
> 诸君欲往雷州府，先到海康不是差，
> 堪笑遂溪红粉女，徐闻更鼓蝶催花。

琼州城内即琼山，澄迈经商久未还，
乐会会同分两县，临高陵水许多山。
三州定是儋崖万，昌化文昌处处难，
幸得定安回首日，感恩高挂顺风帆。
惠州归善邑为尊，闻道博罗胜景传，
莫把连平州作县，龙川经过问河源，
永安人访长宁友，先到和平说事端。
偶遇海丰人作伴，几乎错落陆丰船，
潮州城内海阳强，始属饶平大浦场，
澄海普宁兄弟邑，回来君语共邻疆。
揭阳又到潮阳港，丰顺回程不觉长。
偏游嘉应同长乐，兴宁首县亦安闲，
平远镇平都走过，不如高卧且加餐。

从这首地名歌歌词所记的古地名和行政区划看来，这首歌可能从明清时期就陆续流传下来渐趋完善的，也可见唐家湾中秋对歌会悠久的历史渊源和浓郁的文化韵味。唐家湾人会唱这首地名歌，一幅广东历史地图就能了然于胸了！

粤人善歌，粤中的客家人更善歌。韶关市仁化县石塘村的客家女子在中秋之夜聚唱月姐歌，是客家中秋习俗和客家民歌中的奇葩。

3. 仁化石塘月姐歌

每到中秋时节，石塘村的妇女就会聚集在宗祠或大屋的厅堂中设月姐歌坛，开唱月姐歌。活动从农历八月初一开坛，直至八月十五收坛，这段时间的每天晚上石塘村的妇女聚集在月姐歌坛，她们一边观赏着月亮从上弦月慢慢变成圆月，一边彼此唱和，其间还穿插一些其他活动。鼎盛时期，村里设有十一个歌坛，一个歌坛聚集三十多个女歌手。月姐歌是献给月亮姐姐的，只在晚上唱，白天不唱。绝对不允许男人进入歌坛。

月姐歌的题材有农事季节歌、叙事歌、情歌；内容包括时令节气、耕耘织造、人情冷暖、柴米油盐、人生百态，对美好姻缘和幸福生活的期盼等方方面面；创作手法或借古喻今，或托物寓情，或直抒胸怀，或暗吐心声。

月姐歌活动共分为四个部分：

第一步：布置歌坛。

每年农历的七月二十前后，妇女们就开始着手布置中秋唱月姐歌的歌坛了。人们买来彩纸，扎作彩花；七月三十上山砍下两株黄香簕，这是一种带刺的灌木（客家话"簕"就是刺），传说可以驱邪。在本村祠堂内摆好八仙桌，将黄香簕分绑在桌子两侧；簕上饰以各色纸花，中间悬挂彩纸剪成的八卦；簕上横架一根竹竿，两边各挂一盏红灯笼。在祠堂内正中的神龛和柱子贴上对联，右书"月映中秋分外明"，左书"姐

月姐歌坛（仁化县文化馆提供照片）

妹欢唱声悠扬"，中间悬挂横额"月姐坛"。八仙桌上设香炉，并摆上柚子、糍粑、龙眼、糖果等拜月的供品，桌下放一个竹箩，箩上面放一个簸箕，内装上两斤大米、一个鸡蛋，用红花布、红毛线、鸡冠花做些装饰，这便是月姐坛了。月姐坛不单古朴，还带有点神秘色彩。

第二步：接月姐。

参加月姐歌活动的妇女，必先沐浴更衣，焚香祈祷。众人聚齐后，进行隆重的祭祀仪式——接月姐。两人分别用一只手托住簸箕，簸箕上绑着一根筷子，用红花布将簸箕盖住，用红毛线做成的鸡冠花装饰，再用红毛线将筷子缠好。传说，当筷子移动起来时，会在大米上写写画画，便表示月姐接下来了，此时大家齐唱月姐歌。据研究者说，接月姐歌属徵调式，旋律流畅，娓娓动人，具有浓厚的唐韵风格。

接月姐（仁化县文化馆提供照片）

第三步：迷月姐。

迷月姐是月姐歌活动的重要环节。人们为了用歌迷住月姐，演唱不同曲目的歌曲，这些歌曲或叙事，或抒情，可以是独唱、合唱，还可以对唱。迷月姐包含了"绣香包"调、"石榴打花"调、"睇龙舟"调。"绣香包"调曲调鲜明，旋律优美动人，真切地表达了男女之间纯真的爱情。"石榴打花"调是迷月姐中最具代表性的一首曲子，旋律娓娓动听，表达人们对美好生活的向往，渴望生活像石榴一样，越开花越旺，结子越多。"睇龙舟"调歌词描写了人们赛龙舟的热闹场景，曲调昂扬清越。在午夜时分，"睇龙船"调恰到好处地提振了歌手们的精神。

第四步：送月姐。

月姐歌从八月初一开始，每晚唱到深夜十二点，演唱了一晚的妇女们将月姐送走，当晚的演唱结束。唱到农历八月十五晚上，要举行送月姐仪式。八月十五当晚的活动，是从歌坛一直唱到村外的河边，沿途放鞭炮，将黄香簕上面的彩花摘下，将黄香簕连同其他物品投向河中的月影，众人在河畔焚香燃烛，祭祀祈祷一番。一年一度的月姐歌活动到此结束。

送月姐（仁化县文化馆提供照片）

月姐歌习俗有些吸引人的神秘感是有原因的。这种习俗渊源久远，《广东新语》和粤北多种地方志都有记录，主要流传在南雄、仁化、曲江、乐昌、五华等客家人聚居地，又谓之"踏月秭""踏月歌""秨月

月姐歌活动中穿插的娱乐花絮（仁化县文化馆提供照片）

姑"等。在古代，这种习俗在接月姐、迷月姐的环节中有用农家的簸箕扶乩问卜的活动。到了现代，月姐歌的一些场景布置还依照传统，但那些陈年旧俗早已被人们扬弃了，在迷月姐的环节中穿插了舞蹈或游戏，成了月姐歌中的娱乐花絮。

　　也正是由于中秋月姐歌渊源久远，粤北客家人在迁徙过程中保存了很多远古中原音乐的遗韵。月姐歌是石塘村客家妇女世世代代通过口传心授的民间歌曲，音乐研究者剥去它的神秘外衣，发现它独特的演唱方言、演唱形式、各种调式，竟然有唐朝宫廷音乐的韵味，是浩如烟海的客家民歌中独一无二的艺术奇葩，填补了岭南音乐史方面的空白。《中国民间歌曲集成（广东卷）》的《客家民歌》一章中，单列一节收录了十七首月姐歌。

　　粤人中秋之夜，除了对月当歌，还有月下起舞。月色之下，最精彩的莫如龙舞了，尤其是广东各地和香港的舞火龙。

4. 香港大坑舞火龙

大坑原本是中国香港铜锣湾区的一处以渔业为生的客家村落。每年临近中秋，一条由大坑村民亲手用草扎作的龙渐渐成形，静静地盘卧着等待月圆之夜。插上数万枝点燃的长寿香后，它将化身成一条火龙，在街头巷尾飞舞。舞火龙风俗起源于清代。相传有一天，大坑村里出现一条大蟒蛇，被村民打死了。数日后，村里出现瘟疫，死了很多人。其后有村民声称收到菩萨报梦，只要用草扎一条龙，上面插满香，在村内各处舞动，并燃放鞭炮，便可祛除瘟疫。村民照此行事，那年农历八月，瘟疫果然消失了。自此，大坑村民每到中秋期间的农历十四、十五、十六三个晚上，就舞动火龙绕村巡游，并燃放爆竹，答谢神灵，祛除疫气，以保合境平安，此后渐成了中秋习俗，至今140多年了，这便是香港特别行政区非物质文化遗产之一的大坑舞火龙。大坑已经城市化了，大坑舞火龙影响全港，除了大坑以外，其他如薄扶林村、香港仔和坪輋地区都有舞火龙活动。

（1）火龙扎作

大坑周围还有农作的时候，龙身是用稻草扎成的，后来改用可以在"新界"山区找到的珍珠草。由于城市发展和环境变迁，再后来这种草也要每年从内地大量订购。龙头由藤条屈曲为骨架，龙牙以锯齿的铁片造成，眼睛是手电筒，舌头是漆红的木片。带引舞龙的珠球，就沿用旧时农家易得的沙田柚。负责扎作龙头的师傅开工前要举行拜神仪式。他们先在台旁安放龙头的藤架，龙头向外，然后依次上香，其中一位师傅要走到街坊福利会旁的后巷，每隔数米便上一炷清香，以拜火龙。接着，他们在龙头架的正中位置放一束青绿的草，表示有生气，才正式开始扎龙。在整个扎龙过程中，每小时均要上香，以确保扎作工作顺利进行。而龙身从八月初开始就要先把骨架做好，等从内地采购的珍珠草到货之后，十几个师傅开始一起轮流扎草。在木板上铺满珍珠草作为龙身底部，在草上摆放龙芯，另在其上铺另一层珍珠草，然后用铁线围着龙芯绕圈系紧，每绕一圈便猛力地抽紧，以扎紧龙芯和草，如是者不断重复，直至整条龙"现身"。整条龙长约67米，共32节，在香港来说堪称巨龙了。

由于火龙十分重，活动持续时间长，舞动这条火龙需要约36个壮汉，还要动用超过300名健儿轮流操作。作为生于斯长于斯的大坑人，不参与舞火龙是很丢脸的事情。为了使整个活动顺利进行，前期还需要多次训练，互相配合。在整场活动中，村众都穿着印有"大坑舞火龙"的文化衫，代表着大坑人的团结。

（2）火龙开光

整个舞火龙的活动从中秋前一晚就开始，一直到农历八月十六日。

莲花宫

第一晚是"迎月夜"，晚上7时左右，参与活动的人一起来到大坑莲花宫内参拜观音。大坑原本是渔民村，莲花宫内供奉观音菩萨，是为了保佑区内渔民平安，在大坑村民心中有着不可替代的神圣地位。总指挥以客家话在莲花宫主持拜神仪式，参与舞龙的健儿相继在庙内上香，然后主席、嘉宾赞助人替火龙点睛开光和簪花挂红。

（3）火龙巡游

例行的簪花挂红、点睛，剪彩开光之后，就是"起龙"的仪式。火龙要插香，整条龙需要插上12000支长寿香，其中龙头的香最为密集，约需2000支。起龙完成后，由几十个穿着中式服装的女童手提莲花灯引领，整条火龙在大坑内各个街道巡游表演。舞龙时，全条龙身都插上火红的香，在中秋月夜舞动，香火如流星雨瀑，十分壮观。直至9时左右，火龙上的香烧近尾声，工作人员便将这些未烧完的长寿香摘下送给两旁观看的街坊。在这个民俗活动中，得到火龙身上的香，就寓意着将龙的福气带回家了。接着，工作人员重新更换一轮龙香，火龙再次出动，在浣纱街来回起舞，分别做"火龙过桥""火龙缠双柱""喜结龙团"（俗称"打龙饼"）等花式表演，直到10点半左右结束。

到了第三天，有"追月夜"的活动环节，舞动火龙之后需要举行"龙归沧海"的仪式。火龙游到铜锣湾避风塘海边，草龙重新被插上香，再次起舞之后，连同莲花灯一起抛入海中，代表火龙把厄运带走，保佑社区平安。不过，鉴于环境保护的原因，随后会有专门的船只将抛入海的物品全部打捞起，送去垃圾堆填区处理。

中秋当日的舞火龙除了在大坑区内进行，有时会进入毗邻大坑的维多利亚公园向公众表演，还有花灯等表演来助兴，大家共享中华传统文

舞火龙（香港
火龙文化馆展
出照片）

化。香港还建立了大坑火龙文化馆，引导大众传承中华火龙文化。近年，更有香港非物质文化遗产保护工作者和研究者同内地交流，探寻大坑舞火龙中秋习俗同广东民俗的渊源。我这里给香港同胞报个信，广东各地客家村落有好几个顶呱呱的舞火龙非物质文化遗产保护项目：梅州市丰顺县"埔寨舞火龙"（2008年第二批国家级非物质文化遗产保护项目）、韶关市南雄百顺镇白术片村"香火龙"（2011年第三批国家级非物质文化遗产保护项目）、江门市鹤山"陈山香火龙"（2021年第五批广东省级非物质文化遗产保护项目）。"香港大坑舞火龙"说不定可以从中找到自己的"大佬"呢！

粤人中秋月下起舞，除了舞火龙之外，对其他动物也能随形赋意，舞出精彩的风韵。连被视为有毒的"百足之虫"——蜈蚣，也能在月夜中翩翩起舞。

5. 湛江雷州蜈蚣舞

蜈蚣，是多足的节肢动物，粤人多称其为"百足"，粤语称某人活跃好走动，就形容他"百足咁多脚"。岭南自古蛮烟瘴雨，气候湿热，各种毒虫滋生，蜈蚣是常见的毒虫，但粤人却对它情有独钟，用它以毒攻毒，熄风止痉、通络止痛、驱邪散结，治疗一些顽疾，例如亲水工作容易罹患的风湿病，疍民对它并不陌生。蜈蚣昼伏夜出，捕食害虫，民间又赋予它神秘感，叫它"天龙"。以故粤人月夜舞蜈蚣，良有以也。湛江雷州蜈蚣舞尤其出彩。

湛江雷州蜈蚣舞主要流行于乌石港。乌石位于雷州半岛西海岸，是明朝初年国家西路海防重镇，经过来自五湖四海的海防守军和疍民的艰苦经营，这里渐成海港。古代的雷州环境恶劣，乌石港风灾潮患频仍，瘟疫肆虐。清朝咸丰年间，乌石港发生瘟疫，全港凄冷萧条。危难之中，据说有神人指点"舞蜈蚣"可消灾祛难。其时正逢农历八月中秋，合家团圆之时，于是乌石港先民相约入夜时共驱瘟魔，匡扶正气，祈福消灾。为了表示和衷共济、共赴时艰，众人拿起海上作业用的船缆系紧自己的腰身，联结成长长的队列，入夜时手执香火进港驱邪。夜色朦胧中，队伍边舞边蜿蜒前进，队形宛如蜈蚣爬行，惟妙惟肖，故称"蜈蚣舞"。此后，瘟疫消除，港区恢复繁荣，因而中秋月夜舞蜈蚣也成了乌石港民的风习。民国《海康县续志》记载："仲秋日夜……又有箫鼓聒耳，群童队行，手持香火楦饰，龙狮首尾，跳舞通街，曰'舞蜈蚣者'，此农民相沿之习也。"

乌石民间的蜈蚣舞在传承过程中，既保存了当年疍民的原始风习，也随着乌石港的经济文化发展而有新意。每年农历八月十五、十六中秋之夜，乌石港区都要举办传统的蜈蚣舞活动，以扶正祛邪，祈求平安。传统式的蜈蚣舞参与者多达80人，一人扮蜈蚣"头"，头戴农家常用的小猪笼，里面塞满浸湿的稻草，周围插满香，双手弯曲模仿蜈蚣的钳牙，一个虎虎生威的蜈蚣头便显形了；两人扮蜈蚣"尾"，模拟蜈蚣的尾部两条分叉，这两人也各背塞满石头和湿稻草的小猪笼，周围插满香，重达几十斤，扮演尾部的人负重而行，步态蹒跚，造成蜈蚣尾部摆来摆去的仿生效果。其他人扮蜈蚣"身"，人人头戴草笠，双手各执一把香，草笠上也插满香。用一条长100多米的大船缆在各人腰部打结，每隔一定距离（1.5米至2米）一个人，彼此连扎成长队。另还有一人扮"耍弄者"，手持竹竿、稻草球制的"蜈蚣珠"，在队前做挑逗动作。月色朦胧中，队伍恍如一条昼伏夜出的巨型蜈蚣在游动。这条"蜈蚣"

蜈蚣头　　　　　　　　蜈蚣尾

以绳结队

长达100多米，整条"蜈蚣"用香量多达8400支，所经之处香气四溢。"蜈蚣"出行时，沿着历史传统的出行路线，把各大街小巷逐条游遍。表演队伍每经一处，各家各户和商铺、作坊均摆列供品和燃放爆竹欢迎。"蜈蚣"穿街过巷蜿蜒游过，最后游回到供奉疍民保护神妈祖的天后宫，至此，蜈蚣舞圆满结束。

进入21世纪后，乌石港在保留传统蜈蚣舞的精华和特点的前提下，增加新的内容和动作，为舞蹈的表演注入现代文化元素，蜈蚣舞的艺术性、观赏性更具时代特征。当代的蜈蚣舞表演队伍由一改为二，表演者控制在10到20人之间，改变传统的单一队伍的表演形式，现有"两雄""两雌"和"雌雄"等三种组合表演形式，其中"雌雄"组合最具表演感染力和最受群众喜爱，被群众誉为"蜈蚣公""蜈蚣母"。原使用的香枝改为电子香，表演者身着蜈蚣色服装，服饰和道具制作精美讲究。舞蹈的表演以蜈蚣爬行和相互嬉戏的形态为基础，随着锣鼓的节奏摆动，时缓时急。舞者不断变化姿势，逆向、转腾、穿插，舞蹈动作写真、拟物、夸张、会意，形象生动。现在，雷州乌石蜈蚣舞已从当地逐步走向社会舞台，成为世人喜爱的特色舞蹈。

当代蜈蚣舞（湛江市非物质文化遗产保护中心提供照片）

乌石港先民从中原、闽南等地迁移而来，主要群体是疍民。他们坚守海防，以海为生，有人说：乌石疍家聚，则港兴；疍家散，则港衰。经历600多年的风风雨雨，船缆缔结的是疍民团结向上的心，蜈蚣舞表达了他们众志成城，不畏艰难，昂扬奋进的共同意志。

（六）重阳节

农历九月九日因为两"九"双重，所以叫重阳节。唐代诗人王维《九月九日忆山东兄弟》诗云："独在异乡为异客，每逢佳节倍思亲。遥知兄弟登高处，遍插茱萸少一人。"重阳登高原是中原风俗。唐末岭南在重阳也有登高风俗了，清《番禺县志》记广州越秀山："上游越王台故址……夹道栽花，建楼观于其上，为九日登高游。"说的就是南汉君臣重阳登高。明清时期，粤人重阳登高风气更胜，屈大均《广东新语》载：广州人"九日载花糕萸酒，登五层楼双塔放响弓鹞"。明清广东各地方志，也记载了重阳节登高、赏菊花，饮黄花酒、茱萸酒的习俗。明清之间，佛山民间还组织了重阳"放鹞会"，佛山放鹞场

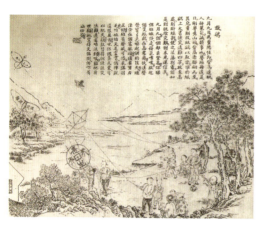

清末广州越秀山上重阳节放纸鹞（照片来源：广东省立中山图书馆编，《清末民初画报中的广东》，广东岭南美术出版社2012年版）

还有裁判规则："以鹞之声清和中节，而其态回翔合度者为上。"。粤语称风筝为"纸鹞"，放风筝便是"放纸鹞"。比赛规则要"中节""合度"。

提到重阳放纸鹞，我们一定要去看看南国风筝之都——阳江。

1. 阳江风筝节

阳江靠山濒海，山川秀丽，更得海风之利，阳江民间历来有重阳登高或到海边放风筝的习俗，流布于整个阳江地区。除阳江市区外，还包括阳东区及所属的大沟、平岗、埠场等乡镇，阳西县及所属的织篢、新墟、程村、沙扒等乡镇，以及阳春市、海陵岛闸坡等地。旧时不论男女老少，大人小孩都会制扎风筝，重阳以制风筝、放风筝为乐；也有专门从事风筝扎作的艺人，制作的风筝更是性能优越，美不胜收。阳江自古有民谣"九月重阳考鹞高"，以"考"角逐出精品风筝，道尽阳江人对制风筝和放风筝的痴迷。重阳佳日，阳江上空"纸鹞参差万影交"，现代阳江的重阳节，也顺应民意成了阳江风筝节。

旧时重阳之前，家家户户、男女老幼动手制作风筝，形式多种多样，人们在房前屋后、田垄旷野就随风放飞起风筝。有钱人则将师傅请到家中开始制扎风筝，着手筹备重阳事宜。至重阳前一天，生意人的商会在阳江城北山麓搭起大坛，杀牛宰猪，备足酒料，在演大戏（粤剧）、竞放风筝前，将风筝摆放在北庙旁，供人观赏评议。到农历九月初九重阳这天，倾城出动，万人空巷，红男绿女，扶老携幼，经水路、陆路来到北山，放鹞、饮酒、猜拳、吃蟹、赋诗、弦歌、唱山歌，人山人海，热闹非凡。

阳江风筝造型美观，彩绘精美，其中仿生风筝形神兼备，栩栩如生；兼且工艺精湛，飞行性能特别优越，高翔空中奇技迭出。

阳江风筝按外形可分为：软板、硬板的板子类，软翅、硬翅的翅膀类，形近直筒的筒子类，颀长飘逸的龙类和连串类，还有旧时商行、商号利用风筝来标榜名号和产品的广告类等。在品种中，可谓五花八门，应有尽有。人物作品有七仙女、嫦娥奔月等，花卉瓜果作品有石榴、牡丹、双桃、香瓜等，鸟兽鱼虫作品有鹰、蝴蝶、蜻蜓、飞蝉、螳螂、白鲳、鲨鱼、大虾、老虎、龙、百足（蜈蚣）等，总之只要是制作者想要的都可以做成。

阳江风筝最具代表性的传统作品有灵芝、百足和崖鹰。阳江灵芝风筝是板子风筝，用精选的竹子和绸绢制作，绘画精致的图案，取材于戏剧《白蛇传》中白娘子盗灵芝仙草的传说，风筝板面上方是一片白云，配以灵芝所在的仙山和金山寺，中间是一大托（块）的灵芝，下方配以口衔仙草的梅花鹿。灵芝风筝最考风筝制作师傅的是风筝上那把能发声的筝弓，制作时要提前一年，把制弓的藤料以传统秘法泡制好。藤弓的制作能显示师傅与众不同的工艺作派和风格，藤弓在空中

灵芝风筝（阳江市非物质文化遗产保护中心提供照片）

101

会奏鸣出特别的音色。这就是屈大均《广东新语》所记载的古代传承下来的"响弓鹞"。

经过扎作、糊裱、彩绘、装配、上弓等工序之后，制成的灵芝风筝还要由师傅放飞"校鹞"（粤语"校"是指调校正确）。灵芝风筝放飞可达四五百米高，灵芝风筝的放飞也和其他风筝不一样，其他风筝放飞基本上会直上直下，而灵芝风筝要求能产生均匀的摇摆，在空中可做横向8字飞行，师傅"校鹞"技术高超，把灵芝风筝调整到最佳飞行性能，在空中表演既得心应手，又能收放自如。灵芝风筝在高空左右翻飞，如梅花鹿在空中腾跃，增加了它的观赏性和趣味性；筝弓还发出抑扬顿挫的奏鸣，宛如天籁之音，妙趣横生。阳江灵芝风筝，深合古代"以鹞之声清和中节，而其态回翔合度者为上"的精品风筝神韵。阳江灵芝风筝曾被评为世界风筝"十绝"之一。

百足风筝是连串类风筝，长度可达到200多米，横空出世，可称空中霸王。为了支撑它强劲的骨架，用于制作百足风筝的竹子必是精选的

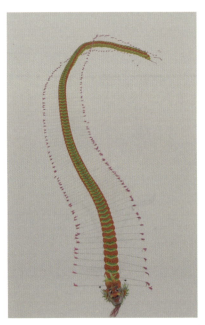

龙风筝（阳江市非物质文化遗产保护中心提供照片）

阳江本土或广宁竹乡的老竹，还要在上年的重阳先买好，放上一年老化才可以应用。按连串类风筝制作的龙风筝，也是如此。百足风筝、龙风筝对绘画要求极高，百足鳞或龙鳞要画得金光灿灿，还要使用不同的颜色，使之通体五彩斑斓，对比强烈，在空中具有很强的立体感。百足多脚，用阳江山区盛产的植物扫杆枝做百足脚，要耐心地一支一支地装上去，达到形似，还要使百足脚对风筝的飞行起到平衡作用。

阳江百足风筝、龙风筝还有个独特之处，就是它有三条风筝线，一条称为脊线，控制风筝的主脊骨架，是主要的受力线；左右边两条称为脯线（粤语称肚子为肚脯）。操纵三条线的缓急松紧，可以使风筝产生不同的飞行效果，让"百足"和"龙"在空中呈S形或反S形摆动，可前伸后缩，左缠右绕，摇头摆尾，上下翻腾，还能表演"龙吐珠""龙吐火""戏鞭炮"等特技。

崖鹰风筝属软翅类风筝。崖鹰就是山鹰。崖鹰风筝仿照鹰的形象来扎作。先破竹取篾，崖鹰风筝对篾条的选择至为关键，既要足够坚实，又要有充分的弹性，适合风筝的软翅高飞。用于制作鹰翅膀的，每根篾条都要用酒精灯按鹰翅形状烘烤成形，然后对开一分为二，目的是使两只翅膀的弧度和形状保持一致，增强飞行的稳定性。接着用绸绢进行裱糊，彩绘画出鹰的细部，最后还要为鹰点睛，使之目光如电。崖鹰风筝放飞显出凌厉疾速、搏击长空之势，既可单飞，也可双飞，还可群飞。群飞尤以串飞最为精彩，一条线上可以分出多只小鹰，最多可达上百只，既可以单列直串，也可以多列树串。凌空时群鹰翱翔，上下翻飞，缓缓盘旋，有时竟会引来真鹰追逐，达到以假乱真的境地。

阳江重阳放风筝的风俗一直延续至今，因此重阳也成为最受阳江广大群众喜爱、认可的风筝节，也是阳江最热闹、最兴盛，参与人数最多的节日之一。阳江风筝历史悠久，是中国南派风筝"南鹞"的发源地和代表作。现代阳江风筝既保存了传统"南鹞"的精华，又结合飞行科学，把声光电等现代技术元素组合进去，具有国际影响力。随着社会发展，阳江风筝节为了适应中外来客参与的需求，集中到海边进行，陆续被赋予新的内容，集文化、艺术、科学、娱乐、饮食、社交、商业、体育为一体，风俗焕然一新！

粤人在重阳登高、放鹞的同时，也慎终追远，那就是祭奠先人。广东清明对祖先的春祭，多是行山扫墓；重阳秋祭，则注重于仪式庄严的祠祭。入秋以后，祠堂就要修整一番，打扫干净，准备祭礼了。我们去看看深圳下沙黄氏重阳祭祖习俗。

2. 下沙黄氏重阳祭祖习俗

黄氏在深圳下沙是大宗族，始祖据传是南宋时期到来开村。黄氏南迁以来，保持着中原慎终追远，敬礼祖先的传统，但初定居在沿海沙田区，开垦沙田，生活困苦，对祖先的祭祀仪式虽遵行古礼，但很简朴。到明朝中叶，珠江三角洲全面开发，沙田区渐趋兴旺，下沙黄氏人丁迅速增多，经济实力增强，村落规模扩大，进入重要发展阶段。下沙黄氏为九世族建立了黄思铭公世祠，祭礼日益庄严典重，墓祭、祠祭的祭祀仪式也有了完整、严密的固定程序，并代代延续至今。

下沙黄氏秋祭既要拜墓，又要拜祠堂，时间为每年重阳节后的农历九月十五日拜祖墓、九月十六日拜祠堂，其中以村内黄思铭公世祠的祭祀最为隆重。

黄思铭公世祠是一座青砖、灰瓦、花岗岩石柱的古建筑，正脊为五彩琉璃脊，中部雕云、龙、麒麟、虎、树、亭，两端是彩色陶制鸱尾。大门上方是一块石匾，匾上六个金色楷书大字：黄思铭公世祠。该祠堂是深圳市级文物保护单位。

下沙黄氏共分为六大房，祭祀临近前，由族长召集各房长老到祠堂，共同商议祭祖的筹备工作，在祠堂门外张贴开祭的公告，以便让全体族人知道。下沙黄氏本土居民1500多人，但原籍下沙现居香港、澳门、台湾和海外的黄氏后裔有3000多人，所以本村的黄思铭公世祠理

深圳下沙黄思铭公世祠（深圳市沙头下沙实业股份有限公司提供照片）

事还要通知香港黄氏宗亲会，由香港黄氏宗亲会负责联络居住在香港、澳门、台湾地区以及海外的下沙籍黄氏后裔。

祭祖开始前，要先在祖宗牌位前摆列供品。供品有金猪（烤全猪）5头、大盆菜4盆、鸡1只、烤鸭1只、鱼1条、米饭、酒、水果、鲜花两束、香烛纸钱、煎堆、手粉等，其中手粉是黄氏专供祭祀用的一种自制糕点。

举行祭祖仪式时，全族男丁都要参加。先拜祠堂，年满60岁以上的男丁才能进入祠堂。进入祠堂祭祀者均须着长衫。执事人员着黄色中式对襟。执事人员有司仪一人，宣读祭文一人，传递供品二人，搀扶者一人，放炮二人，乐队若干人。还有三个立于殿的中门旁负责开门的执事人员。

祠堂祭祀时，所有祭祀人员全部站列于中殿。长房嫡孙、族长、宗亲会会长为主祭人，站列第一排。60岁以上的男丁为陪祭者，依次站列于后。在中殿三跪九叩之后，主祭人依次进入正殿叩拜、上香、进酒等。由长房嫡孙行初献礼，族长行亚献礼，宗亲会长行三献礼。

下沙《黄氏族谱》中载有祭祖的完整仪式，其程序为："奏大乐，

下沙黄氏祠祭（深圳市沙头下沙实业股份有限公司提供照片）

奏小乐，主祭者就位，陪祭者就位，跪，叩首，再叩首，三叩首，兴；跪，叩首，再叩首，六叩首，兴；跪，叩首，再叩首，九叩首，兴；诣香案前跪，上香，再上香，三上香；进爵酌酒，以酒灌地；祖墓前叩首，兴；诣祖墓前跪，进爵酌酒，以酒停；宣读祭文；以酒奉上祖墓前，进馔，献馔；进粢，献粢；进币，献币，焚币；叩首，兴；复拜位；跪，叩首，再叩首，三叩首，兴；跪，叩首，再叩首，六叩首，兴。礼成。放炮。"至今黄氏仍保存有祭祀音乐的传统手书"工尺谱"曲谱，还有奏大乐用的锣鼓，奏小乐用的唢呐、竹笛。整个祭祀过程严格按照《黄氏族谱》的规定如仪进行。

祠堂祭拜后，要在祠堂外的广场上舞龙舞狮。下沙村有特备的龙和狮。龙长108米，要上百人才能舞动。龙狮队由下沙村民和原籍下沙、现居香港等地的黄氏后裔共同组成。舞龙队伍由前后旗阵和中间的龙组成。走在旗阵最前面的是头牌、日月牌和七星旗，随后是各色彩旗。龙在旗阵的引导下入场。举行祭祖仪式时，龙狮均在祠堂外的广场上肃立静候，祈求国泰民安、五谷丰登。仪式完毕，立时鼓乐喧天，龙狮齐舞，海内外黄氏后裔咸集于广场，犹如百鸟归巢，百子千孙、万众一家，为祭祖仪式增添了隆重而热烈的气氛。

祭祖舞龙

改革开放后，旅居海外的下沙黄氏后裔也每年派代表回国参加祭祖。秋祭回国祭祖人数达到1500多人，分别来自13个国家和地区。下沙祭祖不是单纯的祭祀活动，还举行丰富多彩的文化活动：舞龙、舞狮、表演粤剧、举行大盆菜宴等。这是下沙祭祖的独特习俗。

粤人祭祖，无论春秋二祭都有"太公分猪肉"的环节，分享太公的福荫，但下沙黄氏祭祖却有特例，这就是共享下沙大盆菜。

3. 下沙大盆菜

下沙黄氏按照传统礼仪，祭祀仪式结束后，要在黄思铭公世祠前的广场上，举行大盆菜宴。关于大盆菜的起源，据说黄氏在南宋末年南下定居下沙，宋少帝赵昺及残军南逃来到这一带，时已半夜，队伍饥寒交迫。村民闻讯，纷纷拿出自家食物，一齐倒在一口大军锅里煮熟，供宋军充饥。虽是百家饭菜，味道各异，但对于饥肠辘辘的士兵们，却是香气扑鼻。众人狼吞虎咽，饱餐了一顿。能够为皇帝提供饭食，对偏处南海一隅的普通村民，算是一件大事。从此，每年元宵前后，村民们便效仿这件事，用大铁锅制作大盆菜。最初是村民在村头榕树下挖坑垒灶，支起大铁镬烹制，全村人在一起围镬享用。吃大盆菜的习俗便在深圳湾一带流传下来，元宵节和其他重大庆典出动大盆菜，并逐渐同祭祖礼仪结合起来，大盆菜宴设在大广场，还加进了舞龙、舞狮和请粤剧班子来演出粤剧等丰富多彩的文化活动，使祭祖及大盆菜宴习俗最终形成了一种大型的综合性广场文化活动。下沙人黄根才回忆："小时候听爷爷说，爷爷的爷爷那时候，下沙村每年祭祖要吃大盆菜，还要舞龙、舞狮、演大戏（粤剧）。"由此可见，在清朝中晚期，下沙的祭祖及大盆菜宴习俗已经融合了。

下沙黄氏祭祖仪式的最后一项，就是全族男丁共进大盆菜宴。这是下沙祭祖一项独特的礼仪。

大盆菜制作使用十多种主料。因为几百年来，下沙人一直着耕山耘海的生活，农耕、养蚝和海洋捕捞是他们赖以生存的基本方式，所以在大盆菜的主料中，蚝、鱿鱼、门鳝干（海鳗干）、鲜鳝（鳗鱼）等海产必不可少，辅以萝卜、芽菇、荸荠、支竹、冬菇、油豆腐、芹菜、木耳、干猪肉皮、五花肉、鸭肉等十多种农家物产。大盆菜的食料反映出黄氏族人不忘先人创业的根本。备好主料，再辅以蒜头、姜、葱、南乳

制作大盆菜（深圳市沙头下沙实业股份有限公司提供照片）

大盆菜（深圳市沙头下沙实业
股份有限公司提供照片）

等佐料，用煮、煎、炸、炒、烧等方法，先用大铁锅将十多种主料分别
一一加工好，做成十多道不同风格、不同味道的菜式。然后以萝卜作为
第一道菜铺底，把加工好的其余十多道菜，按主次的顺序，一层一层依
次叠放在大盆里，大盆菜便制作完成了。

　　按黄氏家族规定，祠堂祭祖的供品中必有大盆菜，凡年满16岁的族
中男丁，都要到祠堂吃大盆菜；不满16岁的，则由族长主持将菜分送到
各家。现代，在祠堂前的广场上摆上几百张八仙桌、长条凳，每桌一盆
大盆菜，伴随着广场上热烈的鞭炮声，不分男女成千上万人同时开宴，
场面十分壮观。

　　在开宴的同时，还按照老传统演出文艺节目，请粤剧名班来演出大

2002年分享大盆菜（深圳市沙头下沙实业股份有限公司提供照片）

戏，现在也加进了民间歌舞和非物质文化项目表演。

　　大盆菜宴结束之后，夜幕已经降临。这时，白天不能参加祭祖仪式的妇女们来到祠堂前的广场上。她们在广场上平行铺上两条10来米长的沙土，然后将点燃的香和烛，按一炷香一枝烛的顺序插在沙土上。妇女们排成两排，相对着跪在两条沙土的外侧，对着香烛跪拜后再烧化纸钱，以表达她们对祖先的缅怀之情。

　　下沙黄氏祭祖共享大盆菜，比起"太公分猪肉"更有深意。下沙得海洋风气开放之先，清代已经有黄氏村民在港澳和海外创业，散叶开枝，旅居的港澳同胞和海外侨胞比本村居民还多，"太公分猪肉"不能遍及，唯有大盆菜才能够令更多族人共享太公的福荫。深圳是个移民城市，来自五湖四海的人多过本土原住民，共享大盆菜也能让大众分享下沙建设的成果。2002年举行的大盆菜宴，原计划办3800席，因来宾人数不断增加，最后增设到5319席，赴宴人数达到6万人。参加大盆菜宴的除了本土村民，还有来自内地其他地区和港澳台地区以及十多个国家的来宾。这次大盆菜宴的举办席数、参加人数均获称"大世界基尼斯之

2002年分享大盆菜的盛大场景（深圳市沙头下沙实业股份有限公司提供照片）

最"。国内外很多媒体做了报道,产生了很大影响。大盆菜如今也登上了深圳的大酒楼的菜牌,从高档筵席到家常系列都有。

近几十年,下沙已经城市化,没有了农地和蚝田,下沙村不复存在,人们的生活方式也发生了根本性变化。但几百年来,大盆菜的甘美一直滋润着下沙人的心。

在粤东的潮汕地区,潮人用另一种独特的方式崇宗敬祖,我们去看看揭阳的"灯杆彩凤"。

4. 揭阳灯杆彩凤

灯杆彩凤祭祖习俗,是揭阳市揭东县城东部港畔、云南、龙砂、枫口和陇埔等五条行政村的江氏族人祭祀其先祖南宋名相江万里的活动。南宋末,右丞相江万里带兵镇守饶州城,与元军血战,最终因敌我力量悬殊,饶州失守,江万里壮烈殉国。历经战火的江万里子孙几经辗转,来到揭阳龙砂落地生根,后来开枝散叶到邻近各村。传说江万里生平喜欢画凤,从元末明初开始,居住在龙砂的江氏后裔就用"竖灯杆、升彩凤"的形式来纪念先祖江万里,这种习俗沿袭至今几百年。灯杆彩凤是秋祭,起初每年举办一次,多在重阳后的农闲时候进行,具体时间由江氏理事会卜卦决定。这项祭祀活动除了祠堂主祭之外,还要各家各户自行操办。五条行政村三万多人各呈其技,互相攀比,是才艺和实力的呈现,耗资较大,牵涉千家万户。后来江氏宗族秉持勤俭节约的家风,约定为十一年举办一次。

灯杆彩凤祭祀之日,各家摆列供品,通常是家庭自制的潮州点心,如发酵的发果、由糖和米蒸制的甜果、鸡、鹅、鸭卤制而成的"三牲"以及各式糖果、水果。

最考人的工作就是彩凤的制作。彩凤制作的材料多是潮州工艺通用的硬木、铜铁板材、漆料、装饰纸等。装饰工艺包含潮汕民间木雕工艺、金属工艺、漆艺等技术,以及潮汕剪纸、潮州音乐、潮汕刺绣、潮

乡间升彩凤夜景（李锡洁提供照片）

汕灯彩等民间艺术。凤身以硬木和金属板造型，配上精美的绘画，色彩艳丽，生机盎然；凤尾与凤身都披上绣有金色丝线的红绸缎，上面写着"吉祥如意""幸福快乐"等祝福语；凤下挂着风铃，彩凤随风摆动，铃声叮咚，以示凤鸣清脆。

"竖灯杆、升彩凤"，是用一根10多米长的毛竹，尾部留着竹叶，寓意生气长青，"梧桐栖彩凤"。竹竿竹尾都挂上灯笼，彩凤上也缀着灯笼。现代灯笼都用轻薄耐用的新材料制作，灯笼和风铃也巧妙地加入现代声光电子器材，体现了灯杆彩凤的工艺与时俱进。家家户户把自己制作的灯杆彩凤高高竖起，尽可能把彩凤升高。升彩凤，是隆重的祭祖仪式，各家门前摆开拜桌，陈列供品，父老穿戴好长衫礼帽，上香主祭。族人乡亲互相过访，各家的彩凤杰作也任由大家点评。

白天，一支支竹竿，一家连一家，一只只彩凤迎风展翅，跃跃欲飞，极为壮观；夜间，灯笼和彩凤上安装的各式彩灯一齐亮起，揭东县城东部变成一座色彩斑斓的灯城，辉煌靓丽，蔚为壮观，历时一个多月。据说，有人在卫星照片上发现，这段时间在粤东出现了一座前所未有的灯色照耀如同白昼的不夜城。

雕刻彩凤（李锡洁提供照片）

装饰彩凤（李锡洁提供照片）

113

升彩凤祭祖仪式（李锡洁提供照片）　　镇街升彩凤夜景（李锡洁提供照片）

　　"竖灯杆、升彩凤"在潮汕地区乃至国内，是一项独特的民俗活动。它的作用不单在纪念祖先，还在于让各家各户呈现自己的才艺和劳动成果，对研究潮汕地方历史、民间工艺、民间艺术都很有价值。十一年一遇，矜贵得很，切勿错过。

三、民间节俗

（一）亦庄亦谐的祭典

明清时期，中原传统典章制度覆被岭南，国家"祀典"法定的南海神、北帝、天后、社稷等正统神灵在岭南民间普遍奉祀起来。这类神庙建筑特别富丽堂皇，这些大神的祭祀庄严典重，通常是朝廷遣官致祭，或者地方官主祭。同时，这些大神在岭南风土化，民间以亦庄亦谐的方式演绎，在奉祀神灵的同时，也尽情欢乐，各种技艺异彩纷呈，娱情消费、制造商机。

1. 广州波罗诞

广州的波罗诞，就是南海神诞，祭祀的是南海神。南海神庙在今广州市东部黄埔的庙头村。秦汉以来，国家经略海洋，南海贸易已沟通印度洋，南海地位极其重要。晋代裴渊《广州记》称："广州东百里有村，号曰古斗，自此出海，溟渺无际"，可见这里自古就是珠江的出海口，是我国南海海洋贸易往来的要冲——扶胥港。从隋朝开始，朝廷在这里建立南海神庙，此后历朝遣官致祭，或者指派地方行政长官主祭，

南海神庙海不扬波石牌坊

南海神庙碑廊

祭海仪式庄严典重。但凡航海来华的贡使、商客以及中国的海商，进出广州无一不向南海神祈愿，庇佑海事平安，财源畅达，献祭而后出航。南海神也被历朝"封赠"，加号至"南海广利洪圣大王"。流风所及，明清时期全粤乃至港澳地区，各地民间多建"洪圣庙"祭祀南海神，不过民间是按岭南风俗来行事的，庄严不及官祭，而谐趣远胜之，尤以南海神祖庙所在的黄埔庙头村一带为盛。

庙头村旧时有十多条自然村，一看"庙头"村名便知这些村是因庙而兴旺起来的，所以这里供奉南海神的乡村号称"波罗庙十五乡"，旧时乡民自称是"庙子""庙孙"。赫赫大名的南海神庙如何在民间变成了"波罗庙"？史无明昭。民间传说有云：古代同中国有南海交通往来的波罗古国使者在庙里种下了几棵菠萝蜜树；较多的传说是有个来自波罗古国的贡使或商人达奚司空错过了归国的航船，一直在海边举目远眺航向故国的帆影，久而立化为神，供奉在庙，故民间普遍称此庙为波罗庙，南海神庙的大名倒是少人上口了。

117

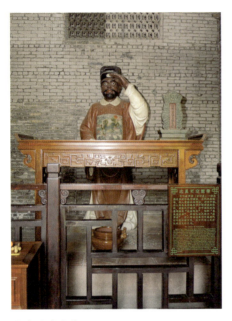

达奚司空塑像

朝廷祭祀南海神，是抽象的"海祭"，唐朝祭祀是"立夏日祀南海于广州"，并无南海神诞之说。但是，岭南民间却把南海神人格化了，俗称"洪圣大王"或"洪圣爷"，还给他造出了诞日，兴起了贺诞赛会；会期是每年农历二月十一至十三，十三日为正诞日。诞日之说何时兴起已无从稽考，早见于南宋诗人杨万里《二月十三日谒两庙早起》，诗云："起来洗面更焚香，粥罢东窗未肯光"。诗中两庙之一的东庙就是南海神庙，诗明确讲二月十三日去南海神庙参神，可见南宋已定下二月十三日为南海神诞了。民间还为洪圣爷配上了夫人，连生了五个儿子，五子神像分别由南海神庙附近的村供奉。洪圣爷一家也就被改造成了有人间烟火气的岭南人家。

每年一度的波罗诞正诞之日，波罗庙周边地区乡民延续着古老的拜祭南海神的民间传统习俗。每到诞期，南海神庙方圆数十里乃至广州市区民众都前来"游波罗"，热闹程度胜似春节。粤人俗语有云："第一游波罗，第二娶老婆。"把游波罗庙与人生大事相提并论，足见对其重视的程度。南宋诗人刘克庄游波罗之后写下了名句："香火万家市，烟花二月时。居人空港出，去赛南海祠。""东庙小儿队，南风大贾舟。不知今广市，何似古扬州。"足见当年洪圣爷庆诞的盛况。

宋元之后，环境变迁，扶胥古港逐渐衰落，但民间的波罗诞赛会长盛不衰。清代崔弼《波罗外纪》展现了明清波罗诞的盛景："波罗庙每岁二月初旬，远近环集如市，楼船花艇，小舸大艇泊十余里，有不得就

游波罗祈福

岸者，架长篙接木板作桥，越数十重船以渡，其船尾必竖进香灯笼，入夜明烛万艘与江辉映，管弦呕哑，嘈杂竟十余夕。"民众游波罗祈福，四乡游神，远近城镇游人蜂拥而至，水面连樯十余里，龙狮起舞、音乐和鸣、水上庆会、大戏等民间百艺会演，文人雅集，商贸汇聚，成行成市，百货纷呈，热火朝天长达半月，不单集岭南民俗风情之大成，还营造起巨大的商机。波罗诞成为广州地区影响最大的民间传统赛会之一。

现代波罗赛会活动分为波罗诞与花朝节两段，包括"洪圣祈福""四乡会景""万众同欢""喜庆满堂""诗书雅会"等主题活动，时间为5天。2005年以后，波罗诞庙会与广州民俗文化节共同举办，波罗诞活动时间从5天延长至7天，庙会的内容也比从前更加丰富了。

赛会上最受人追捧的是富有地方风物特色的吉祥物：波罗鸡、波罗粽。

波罗鸡，是当地村民历史上传承下来的手工艺。传统讲究的波罗鸡是实心的，按照重量出售。材料有黏土、元宝纸、鸡毛、白石粉、颜

波罗鸡

料、纱纸、粘米粉、糯米粉、竹片、牛皮纸等。一般的波罗鸡是空心的，先用农家随手可得的田泥和稻草，在鸡的模具上涂塑，然后层层敷上纸张，等待模塑晒干之后脱模，然后精心涂绘颜色，粘上五颜六色的鸡毛，最后整体修饰成品。波罗鸡的制作工序比较复杂，从选择泥模、粘贴纸张、挑选鸡毛，到烘干、上颜色等，都受到气候等多种因素的影响。传统手工制作波罗鸡，往往要花上艺人一年的工夫。民间传说，每年波罗诞中的波罗鸡，总有一只会啼，谁得到这只鸡，就会行好运。人人游波罗都买只波罗鸡图个好意头，于是波罗鸡成了波罗诞热销工艺品。人们游波罗时，必购的吉祥物是波罗鸡。近年来，人们制作的波罗鸡的外观虽同传统的没有不同，但都内置玄机。例如装上闹钟，就会报时；装上声控装置，就可以发出啼叫：人人都会得好运了。

粽子，本是端午节的节庆食品，但在南海神庙周围的十五乡，却要专门为波罗诞日而制作。每年的元宵节过后，人们便开始为裹粽忙碌起来。波罗粽的特别之处就在于用来裹粽的是芭蕉叶，且用大锅蒸煮8小时。因为这是供奉洪圣爷的美食，所以选料特别讲究，调制精巧，别有地方风味，故称"波罗粽"，是祭

波罗粽

神和自家节期享受或送礼必备佳品，也深受游波罗的民众欢迎。波罗粽作为贺诞食品，也是游波罗必购的，意为分享洪圣爷的福荫。现在的波罗粽也成了南海神庙一带批量生产的地方美食。

（1）五子朝王（四乡会景）

五子朝王历来是波罗诞庙会的一项盛大的民俗文化活动。洪圣爷的五个儿子在波罗诞正诞之日，由十五乡的乡民抬到南海神庙中庭，向南海神祝寿，称五子朝王，也称祭海神，一年一小祭，三年一中祭，五年一大祭。五子朝王时，村民盛装出行，抬起五子神像巡游，标旗引路，罗伞盖顶，十八般兵器护卫，鼓乐齐鸣。巡游的队伍浩浩荡荡，先从各乡会集到南海神庙祭祀洪圣爷。祭祀完毕，各神像由各乡抬回。神像返回各乡，大人小孩云集迎接神像，各乡又自设祭坛祭祀一番，舞龙舞狮助兴。因为庙周围各乡汇聚，各呈技艺，所以五子朝王又叫"四乡会景"。

五子朝王

（2）章丘诗会

南海神庙东侧有个叫章丘的山冈，冈上有亭，因扶胥古港三面环海，登亭远眺，海空相接，旭日东升，霞光万道，有如浴日，遂成为人们观看南海日出的首选胜地，因此南海神庙在宋元时期入选为"羊城八景"之首——"扶胥浴日"。当时，人们把观看扶胥浴日作为波罗诞庙会的主要活动之一，也吸引了很多文人墨客慕名来到南海神庙观看"波罗浴日"的胜景，文思涌动，联结章丘诗会，即兴作词赋诗。韩愈、苏东坡、杨万里、刘克庄、文天祥、陈献章、张之洞、屈大均等历代名人皆留下不少名篇。现代，每年波罗诞期间都举行章丘诗会，除了文人骚客即兴赋诗，征集诗词歌赋，来自全国各地的书画名家也即席挥毫，留下墨宝，场景热闹非凡。章丘诗会为庄严的南海神庙平添了好些典雅的人文光彩。

（3）花朝节

波罗诞也给女子们尽情愉悦和张扬技艺的机会，那就是南海神庙在波罗诞正诞之后举行的"花朝节"活动。明清时期，在农历二月十三波罗诞正诞日之后，接着就是农历十四、十五的花朝节。花朝节也叫花神节，民间俗称"百花生日""花神生日"，是女子们拜花、爱花、赏春、比美的活动。女子们在这两天相约来到南海神庙，行拜花之礼，也展示各自的拿手技艺。现代的花朝节活动通过拜花、赏花、品花、插花、妇女服装秀、剪纸、化妆、汉服服饰展示晚会、集体婚礼等活动，展示女子的才艺和对美好生活的追求，吸引游客成群结队前来参与，形成正诞后热闹的赛会场景。

现代广州波罗诞会时间延长了，诞会不单沿承了南海神祭礼、五子朝王、花朝节、章丘诗会等传统风俗活动，还展现广州乃至岭南地区最具代表性的民间艺术，例如飘色、舞狮、舞龙、舞鳌鱼、舞牛、舞马、粤剧、杂技、化妆巡游、水上庆会、文人雅集等，还有重新发掘整理的龙舟说唱、鸡公榄等老广熟悉的风习也同时参与；在诞期，南海神庙设立了专门的民间工艺展示区，保护和传承波罗鸡、波罗粽等传统民间工艺，还有各种技艺精湛的工艺品。波罗诞新的文化项目——广州民俗文化节，永久落户黄埔南海神庙。南海神庙蕴含了海上丝绸之路的文化元素，也吸引了很多外国友人来参与膜拜或表演。广州波罗诞在春节之后又掀起另一个节庆高潮，南海神庙一带人山人海，游客最多时达到几十万人次。

2. 佛山祖庙北帝诞

北帝，又称为玄武、真武等，是位居北方的司水之神。此神资格颇老，早见于《楚辞·远游》："时暧曃其曭莽兮，召玄武而奔属。"注解曰："玄武，谓龟蛇。位在北方，故曰玄。身有鳞甲，故曰武。"此神原是龟蛇的合体，但在岭南人格化了，号称"北方真武玄天上帝"，形象通常是脚踏龟蛇、披发仗剑或手指天极的武者，岭南民间通常昵称他"北帝公"。

岭南江河密布，素有水国之称，因而在民间崇信的诸神中，北帝地位尤为显赫。珠江三角洲尤多北帝庙，或称玄帝庙、玉虚宫（因龟别名"玉虚"），且多尊为"祖庙"。沿珠江支流北江而下就有多间祖庙：英德市大湾镇的金山祖庙，北江下游三水芦苞镇的胥江祖庙，在控扼

北帝诞庙会（佛山市非物质文化遗产保护中心提供照片）

西北两江的佛山有佛山祖庙；珠江出海处的香港长洲岛的北帝庙虽无祖庙之称，却是岛上历史最久、影响最大的庙宇。北帝诸庙之中，佛山祖庙资格最老。佛山是明清时期工商业最发达的"天下四大镇"之一，且自明中叶以来，佛山北帝备受朝廷"敕封"称号，佛山祖庙获称"灵应祠"，因而佛山祖庙被尊为北帝"诸庙之首"。佛山祖庙明代附设的"嘉会堂"、清代附设的"大魁堂"都是在佛山影响深远的"庙议"管理机构，佛山历史上的许多关系经济和社会的大事，都与祖庙有着千丝万缕的联系。位于祖庙三门的一副清代对联对祖庙在佛山的地位作了最精当的概括："廿七铺奉此为祖，亿万年惟我独尊。"明清以来，朝廷不仅御赐祭文、匾额、对联等物品，规定祭祀规格，还下旨要求广东地方官每年春秋谕祭、修葺庙宇，架步庄严。随着佛山社会经济文化发展，北帝和供奉他的祖庙作为佛山人精神的寄托、文化的象征而存在，但民间却以自己独特的方式演绎。佛山祖庙最隆重、最热闹的民俗活动，就是农历三月初三的北帝诞。

传统的祖庙北帝诞活动内容分为两部分：一是北帝诞庆典期间的仪式，包括赴庙肃拜、北帝巡游、演戏酬神和烧大爆等；二是与北帝诞相关的活动，如正月初一至十五及每月的初一、十五的行祖庙，正月初六至三月三十的北帝坐祠堂，二月十五、八月十五的春秋谕祭，九月初九的北帝崇升"飞升金阙"等。北帝正诞日为农历三月初三，但整个节期较长，诞会活动规模宏大，"举镇数十万人，竞为醮会"。

（1）行祖庙赴庙肃拜

每年正月初一至十五及每月的初一、十五，佛山居民有"行祖庙，拜北帝"的习俗。旅居港澳的同胞和海外华侨回到佛山，也要来行祖庙，敬礼一番。行祖庙进香参拜北帝神像，仪式简朴，在北帝神像前摆上酒、烧肉、香烛元宝、鲜花、果品等，双手合十低头默祷，然后投一些硬币在香炉里以求好运。如果没带供品，也无所谓，来向北帝公行个礼便可以了。但到了北帝的正诞日，就要有赴庙肃拜的隆重仪式了。

北帝诞正日，旧时赴庙肃拜是由当年的值事在祖庙前设醮庆贺，醮事的花销大部分是佛山工商业者慷慨捐赠。三月初二日就要在庙前设坛，备好五谷、酒、烧猪、香烛元宝等供品，初三子时起，值事开始主持醮会仪式。拜祭一番之后，进行"分衣食"，把供品分给捐资者，表示分享北帝所赐福气。随后佛山居民不论身份高低，都来行祖庙，向北帝公恭拜，通宵达旦。现在，传统的北帝春祭成了农历三月三北帝诞的活动，主要有宣读祭文和赴庙肃拜、文艺表演等祈福仪式。

宣读祭文（彭飞提供照片）

赴庙肃拜（彭飞提供照片）

（2）北帝巡游

北帝巡游是北帝诞最为热闹的仪式。北帝巡游时间为一天一夜，按旧例，三月初一开始就要为北帝巡游做各种隆重的准备。初三日一早巡游时，出行的是北帝武神铜像（祖庙中重量较轻的北帝铜像，俗称北帝"行宫"），端坐在朱漆贴金龙纹轿椅内，前有锣鼓、仪仗队、彩旗幡伞队鸣锣开道，后有醒狮随尾，沿途稍事停留，接受佛山镇居民和工商业者的参拜，所到之处张灯结彩，热闹非常。游至初四凌晨，北帝公由仪仗队"迎接回銮"，按来时路径返回祖庙。

现代的北帝巡游活动有丰富多彩的游艺展演，工艺精湛的北帝武神

坐上神舆的北帝公
（彭飞提供照片）

北帝巡游（佛山市非物质文化遗产保护中心提供照片）

巡游队伍中的八音锣鼓柜（彭飞提供照片）

铜像、各式铜制仪仗、金装的木雕高脚牌和龙楼凤阁以及各种出色的工艺制品；北帝诞的音乐如八音锣鼓柜、木鱼、南音等；还有武术、杂技表演和各式佛山美食。北帝诞会祭祀用品及巡游仪仗多由佛山手工业作坊和工匠艺人制作捐赠。

（3）演神功戏

所谓"神功戏"，就是为向神祈福或酬谢神恩而演戏。祖庙前的大戏台万福台，是清代时为了上演粤剧给对面的北帝公观看而建造的。乾隆《佛山忠义乡志》记载："三月三日，北帝神诞，乡人士赴灵应祠肃拜，各坊结彩演剧，曰重三会。鼓吹数十部，喧腾十余里。"其实佛山人在演戏娱神的同时，也在自娱自乐，北帝诞期祖庙一带笙歌嘹亮，人烟辐辏。演出人员有八音班、曲艺班，还有佛山本地或来自广州、港澳的大戏班。除在万福台上演戏外，镇内各坊各社也都请戏班演戏，有的还大开宴席庆祝神诞，倾城热闹，万人空巷，一连数日如此。

在祖庙万福台上做大戏（佛山市非物质文化遗产保护中心提供照片）

文艺表演（彭飞提供照片）

（4）烧大爆

烧大爆活动在三月初四举行。清初时，"佛山烧爆"已名震粤中。屈大均《广东新语》载佛山北帝诞："举镇数十万人竞为醮会，又多为大爆以享神。其纸爆大者径三四尺，高八尺，以锦绮多罗洋绒为饰，又以金缕珠珀堆花叠子及人物。"药引长二丈余，人立高架，遥以庙中神火掷之，声如丛雷，震惊远迩。所谓烧爆，就是点燃安放在华丽彩车上的一个大爆竹，内附一小铁圈称为"爆首"。爆竹一响，铁圈飞向空中，众人一拥而上争抢"爆首"。人们相信夺得"爆首"的人能得到北帝所赐福气，会行好运。这是佛山北帝诞最刺激的活动。现代佛山北帝诞会没有"烧爆"活动，但当年的大爆也被制成了诞日的装饰品，让大家记得当年的民俗佳话。

佛山祖庙现在是国家级文物保护单位，祖庙北帝诞会也被列入国家级非物质文化遗产保护项目，佛山祖庙北帝诞民俗活动更加隆盛。北帝巡游以"文化方阵"的壮观规模呈现，把很多岭南文化元素组合进方阵之中，社会各界踊跃参与巡游，成为城市文化庆典，重现历史上北帝神诞"鼓吹数十部，喧腾十余里"的盛况。

3. 悦城龙母诞

岭南地位显赫的水神除了北帝，还有女神，那就是肇庆市德庆县的"悦城水口龙母娘娘"。龙母娘娘所在的龙母庙在悦城镇。秦汉以来，西江水路成为封建国家沟通岭南的主要通道。人流物流多取道西江，必经过德庆，然后转至沿海各地。德庆悦城处在悦城河、泽水、杨柳水和西江汇合的特大"水口"，是水路交通枢纽，但是古代这一带水患频繁，向为水运的畏途。清代《重建龙母祖庙碑序》说："德庆州之悦城水口，环山枕涛，锁钥江滨，故为一州门户，而溯流而上，由苍梧直达滇黔；顺流而下，则与珠海凌江各巨浸相连毗。崇崖怪石，飞湍危滩，澎湃汹涌，若非有神以司之，则舟楫之行，祸且不测。"早在秦汉时期，这里已经有西江之神龙母的传说。据唐代刘恂的《岭表录异》《悦

悦城龙母祖庙四海朝宗牌坊（德庆县文化馆提供照片，徐向光摄）

城龙母庙志》等文献记载，得其传说的梗概：龙母原是战国时期西江流域的温媪（姓温的老妇人），勤劳智慧，乐善好施，曾在野外拾到五只蛋，后孵化出五条小龙子，她把五条小龙子放归西江，并不图报。五龙子慈孝报恩，广播恩泽，护佑西江水路平安，百姓因而亲切地称她为"龙母"。龙母去世后，人们便在悦城水口立庙祭祀，视她为西江的保护神。早在唐代，诗人李绅、李德裕在被贬岭南时途经悦城，留下诗句"音书断绝听蛮鹊，风水多虞祝媪龙"，就是说他们都亲自拜祭过龙母庙，祈求西江一路顺风顺水。龙母护佑西江航运神迹显著，后被朝廷所"册封"，但民间并不以她的封号行世，而直接称之为"悦城水口龙母娘娘"。显然她是历史悠久的百越民族崇敬的岭南土神，所以龙母娘娘信众遍及岭南东西两粤、港澳地区以及东南亚。她的诞日庆祝活动非常隆重。

悦城龙母诞有两个时段：每年农历五月初一至初八是龙母的生辰诞，农历八月初一至初八是她的得道诞。悦城龙母诞有庙方主持的祭祀仪式和民间群众的祭祀活动两部分；有万民朝圣贺诞、龙母沐浴、龙母更衣等程式，还有舞龙、狮助兴和演戏娱神、抢花炮等民俗活动，以及摸龙床，吃金猪、粽子、龙舟糕、竹篙粉等习俗。

龙母诞期，除了官府致祭，还有民间诞会。《中华全国风俗志》说民间"是时建醮演戏，异常热闹，多有集会贮款，届期偕往参神者，数日后始返"。旧时传统诞会有以下程式：

五月初一晚为龙母沐浴和为龙母圣物开光。沐浴时间在当晚，请龙母的"娘家"广西藤县人为龙母沐浴。为龙母沐浴者须是六位女性，用柚子叶泡水，为龙母娘娘袚除污秽，保持圣洁。圣物开光也在当晚，将庙内所有要出售的圣物盛于木盆内摆在正殿，由开光师主持开光仪式。

五月初二上午举行隆重的龙母贺诞活动。抬起沐浴后的龙母神像，恭请娘娘上座。焚香奏乐行礼，宣读龙母宝诞祝词："潜龙在水，福泽三江；飞龙在天，惠及四方；龙母龙母，保家安邦；龙母龙母，佑我苍生；于国有功，于民有德；母仪龙德，四海朝宗。"藤县的"娘家"人敬送贺诞礼物。主持人致词祝福："悦城龙母，西江神源；龙光普照，万物吉祥。"然后由各地来的民众自行为龙母祝寿。最后鸣炮，贺诞仪

德庆县2017元宵节龙母出巡暨民间艺术大巡游展演（德庆县文化馆、德庆县融媒体提供照片）

式结束。

五月初二午时，举行隆重的"万人放生"仪式活动。把上千条鲤鱼拿到悦城河里放生。

五月初七晚上子时，举行隆重的龙母更衣仪式。四位从藤县请来的妇女关上大门，拈香焚烛，行过大礼后，小心谨慎地把龙母神像旧袍卸下，为龙母神像换上崭新的锦袍。更衣仪式完成，庙外鸣放鞭炮致贺，奉上"更衣利市"给四位妇女作为谢仪。这一仪式充满了严肃气氛和神秘感。

五月初八零时，为龙母更衣后，在龙母神像前烧第一炷香的，称"上头炷香"；此后在龙母神像前烧香，谓之"上圣香"。据称，上头香、圣香最难得、最吉利。上头炷香的资格是要角逐的。

民间群众的祭祀活动有洗龙泉圣水、引香火、呈供品、拜祭、燃爆竹等。龙母诞日，在悦城河边龙母祖庙外广场烧爆竹的地方，烧过的爆仗衣通常会垒成小山丘。

庆诞期间港澳台地区各社团堂口参拜团，一般要请专业的舞龙、舞狮队。龙狮队从悦城西街游行到东街，一路敲锣打鼓，彩旗猎猎，38米长的大型游龙，身披黄色鳞袍，在街上蜿蜒游动，大众驻足围观。两人耍的五彩狮子，腾挪跳跃，惹人喜爱。巡游完毕，龙狮汇集于龙母祖庙的牌坊前，祥龙昂首长吟，瑞狮腾空直立，向龙母致敬。

庆诞期间，悦城各地乡村也有习俗，举行跑旱龙、趁龙舟墟、划龙舟等竞技活动。五月二日，高良诸村刻木为龙，鳞爪毕具，沿村张旗鼓，迎木龙，唱船歌，赛龙母神。各村还把本村的龙母神像齐集高良墟，谓之"趁龙舟墟"。初五适逢端午节，各乡出动赛龙舟。

每到龙母诞期间，悦城龙母祖庙东裕堂都要在五月初八设坛演戏，连演七天。

龙母祖庙燃放花炮的习俗由来已久。据说龙母的花炮最为显灵，因而在龙母诞燃放炮头的这天，两广许多商人前往竞抢，人数动辄逾万。抢得炮头者，则在第二年龙母诞时，酬还炮头，还要做醮事、演戏。

2017年悦城龙母得道诞期，民众拜祭龙母场景（德庆县文化馆提供照片，任美芳摄）

悦城龙母诞祭祀仪式五龙子向龙母敬酒剧照（德庆县文化馆提供照片，陈剑彪摄）

悦城龙母诞庙会圣水盥手祈福场景（德庆县文化馆提供照片，陈剑彪摄）

到了现代，传统活动和仪式简化了。每年的诞期活动大多是有组织、有准备的，农历四月初，中山、四邑（新会、台山、开平、恩平）等地的华侨眷属便着手组织"贺诞团"，分男团、女团，少则五人，多则二三十人。广州、港澳的"贺诞团"一般是十人一团，取"十足齐全"的好意头。到了龙母诞期，前来贺诞的各地来客、商贾、港澳同胞、华侨眷属，人数在四十万以上，尤其是五月初八正日，更是盛况空前：各地的善男信女麇集于龙母祖庙内外朝拜。从初一至初十，来自西江上游的百色、龙州、南宁、柳州、桂林、梧州等地的"贺诞团"先后集结到悦城河段前面，排成长5里、宽240余丈的船队，和陆上连成一片，渡船上八音班奏鼓乐，数里可闻。往来穿梭于西江大河行驶的客货船，都供奉有龙母的神像，船行至距离龙母祖庙三四里的河面时，船工便鸣笛或击鼓鸣金，燃爆竹、烧香点烛，向龙母祖庙致祷。

悦城龙母诞最大的特色是贺诞的庙市。龙母诞期间，人们不仅觐拜贺诞，还组织商贸贺诞，形成诞期临时集市。大量的贺诞用品和各种工艺品是节前的几个月从佛山购进的，在墟场发售，十分畅销。从五月初一至初十，悦城街道巷陌，人头攒动。四五里长的地带，摆起两千多个摊档，摆卖神香鞭炮，元宝蜡烛，各地农副特产和手工业品，如德庆的何首乌、高要花席、广佛的百货等。所以民间有谚称悦城龙母诞"一个诞期盈利，足够一年开支"。

经过千百年来悠久历史的传承，龙母民间信俗通过水网交通四海朝宗，从而演绎为岭南地区富有影响和特色的民间龙母诞会，也形成了一个规模庞大的物资交易会。

4. 汕尾凤山妈祖诞会

在岭南的女神之中，还有一位来自沿海百越民族之一闽越的大神——妈祖。妈祖传说原是福建湄洲岛上林姓泛海人家的女儿，成神之后，往来海上，拯救海难，护佑航海安全，所以东南沿海人民奉之为海上保护神，亲昵地称她为"阿妈""妈祖"，历朝给她的封号从"天

汕尾凤山祖庙（何夏逢提供照片）

妃"到"天后"，最高的品位是清朝封赠的"护国庇民天后元君"。岭南沿海和近水的地方，几乎都有民间奉祀这位女神的"妈庙"、"妈阁"（澳门）、"天后庙"、"天后宫"。

广东汕尾是粤东最大的疍民聚集地，庞大的疍民群体和在这一带海面上讨生活的人们，是妈祖信仰最大的拥趸，他们在汕尾凤山下搭建小棚寮立庙奉祀妈祖，由来已久，凤山妈祖庙有"祖庙"之称。后来随着潮汕平原全面开发，海上贸易发展，凤山妈祖也发挥了凝聚力和影响力，汕尾港出现了"舟楫云屯，商旅雨集"的兴旺景象。粤东民谚："先有凤山祖庙，后有汕尾港。"乾隆年间，汕尾港逐渐成为粤东海岸一大都会，经济发展迅猛，本土和外地商民合资把凤山祖庙扩建成一座画梁雕栋、金碧辉煌、建筑面积达800多平方米的大庙宇，凤山祖庙也从此成为粤东海洋贸易的一处中心聚散地。祖庙还设置了公斗和公秤，为往来客商提供公平交易的度量衡标准器具，这是东南沿海妈祖信俗的一大奇迹。随着香火鼎盛，汕尾港成为闽潮、广府、赣梅等地商民航海

凤山祖庙广场的贺诞（何夏逢提供照片）

的汇聚点，同时带来了各地的民俗风情和文化，民俗文化活动也相继诞生并相传不息，每年农历三月二十三日的妈祖庆诞，是粤东最大的民俗盛事之一。

每年农历三月二十三日早上，首先按传统举行妈祖拜祭活动，主持的众人拜祭妈祖后，将妈祖金身（可移动的行宫）请下神龛，安放在彩轿内，由八位青壮年抬着妈祖神轿按照传统路线巡游，叫做"妈祖巡安"。游神队伍到达凤山祖庙附近的广场，妈祖诞会的重头戏——炮会活动就隆重开张了。

烧炮，是岭南各地节庆和神诞常见的活动，营造很强的竞技氛围，一场抢炮活动，常会令节庆和神诞活动掀起一波又一波的高潮。粤东的烧炮活动，要数汕尾妈祖神诞的炮会最有特色。据民间传说，汕尾妈祖神诞的炮会风俗还是从古代广西柳州下面的三江县（今三江侗族自治县）传入的，该县处于融江中段，是西江航运的港口，柳州地区的粤西山杂货汇聚于此。清代这里兴建了一座"闽粤会馆"（该会馆同时又是闽粤商人共奉的天后宫），是闽粤商民聚会之所。当地人有抢花炮的习俗，促进山里寨与寨之间增进友谊，加强团结。汕尾港闽粤商民杂处，为了解决妈祖神诞的资金，理事人员沿袭广西客商、渔民传承的抢花炮习俗，组织妈祖诞的炮会活动，根据本地习俗和演神诞戏所需费用，确定燃放23枚花炮。

每年妈祖诞日，凤山祖庙所在地的"里老首事"指挥凤山祖庙炮会在妈祖殿前面大广场举行烧炮。炮会所用的炮头均为世传的专门工匠手工制作。每个炮头高约24厘米，炮座约12厘米，直径约8厘米，都用彩纸装饰，故名花炮。炮头内装有火药，内置炮头芯。理事人员在3米多高的凳上指挥，从1炮至23炮逐个燃放，点燃引线引爆火药，把炮头芯发射升空，它落下来的时候大家冲上去竞抢。凤山祖庙会派出一班人员手执藤条，维护赛场秩序，发现抢炮的人有互相争执等不文明行为就及时制止，确保活动安全举行，抢到炮头芯的人必须尽快跑进妈祖庙登记才算得胜。第1、2、3炮，象征财丁兴旺，幸运长驻；第4炮至20炮为平安炮；第21、22、23炮为吉子炮，获得者幸福吉祥。旧时的富商、殷户会聘请一班青壮年为他们竞抢，最多的有六班队伍被聘用竞抢，场面极为壮观激烈。第1、2、3炮和吉子炮的获得者引为殊荣，由理事人员组织队伍敲锣打鼓送一个"炮头镜"作为奖品，给获得者供祀。该镜制作技术精湛，酸枝木镜框，镜框和底座雕刻石榴、牡丹、橘子等图案，象征多子多孙、富贵吉祥；镜框内为潮绣双凤朝阳图案。获奖者若是商人，可以把炮头镜供奉在商店，作为招徕顾客的荣耀；若是行船的人，可以把它供奉在船里，祈求海上平安。来年便由获得者送新的炮头镜回妈祖庙并出资演戏酬谢神恩。

新中国成立前最后一届凤山祖庙神诞颁发的炮头镜（何夏逢提供照片）

　　近几十年，凤山祖庙再次重光，祖庙妈祖诞会被列入广东省非物质文化遗产保护项目，恢复了民俗活动。妈祖诞日的早上，理事人员组织拜祭妈祖后，将妈祖金身安放在彩轿内，由八位青壮年抬着妈祖神轿在市区巡游，鸣锣开道、号角长鸣、仪仗队、天后圣母旗匾、日月匾、凉伞、护銮队、彩旗队、舞蹈队、大锣鼓队、八音队、龙狮队、古装场景队等一千多人，队伍巡游每到一处，群众聚集在街道敬礼妈祖。妈祖神轿由社会各界人士簇拥着来到广场主席台。巡游队伍在主席台前进行文艺表演，然后举行炮会。烧炮数量从原来的23枚增至1380枚，炮有四柱普通型和六柱豪华型两种。烧炮活动除了保持原有"竞抢"炮头的传统方式，还增加了"竞标"炮头的新方式。首先按民俗拜祭妈祖行三献礼，随后炮会组织者按顺序喊出竞标的彩炮：一帆风顺、双喜临门、三阳开泰、四季平安、五世其昌、乐（六的谐音）临善家、七彩呈祥、发（八的谐音）达兴旺、天长地久（九的谐音）、头彩长虹共十个竞标彩炮，逐个竞标。竞标得主亲自燃放所中标的彩炮，同时由理事人员颁发彩炮佩带和纪念金牌，照相留影。此活动举办十多年来，筹集慈善资金近千万元，其中有不少海外同胞积极参与。凤山妈祖诞改变了过去单一

凤山祖庙炮会（何夏逢提供照片）

抢花炮（何夏逢提供照片）

的娱神活动，加入了民间艺术活动，提升了文化内涵，把富有粤东特色的文艺节目和传统节目展现出来，让当地百姓和各地嘉宾大饱眼福。

（二）民间赛会

明清以来，岭南社会经济快速发展，仿效北方庙会的各种民俗活动也兴旺起来了。但是，粤人不取"庙会"之说，而说"赛会"，一个"赛"字道尽了粤人这种民俗活动的特质：敬奉神灵的同时，尽情欢乐，各种技艺异彩纷呈，百业争雄，张扬成果，百工各呈其技，角逐比拼，不甘人后，以搏一"赛"。在前述的对古代封建国家的大神祭祀已经庄谐互见，"赛"起来了；在广东地方神灵或宗祠的祭祀活动中，民间之"赛"表现得更加淋漓尽致。

1. 东莞茶园游会

茶园游会是东莞市茶山镇的重要传统民俗活动，早期茶园游会的主要活动区域为茶山旧城寨内林屋一带。此地建有东岳庙，奉祀东岳

东莞茶山东岳庙（茶山镇文化服务中心提供照片）

大帝。东岳大帝就是泰山之神，原籍山东，他怎么跑到东莞来，东岳庙建于何时，皆已无从稽考。茶园游会的会期为每年农历三月二十五日至二十八日，是东岳大帝诞期的民俗活动。清光绪《茶山乡志》记载："（明）万历中，三月东岳降辰，城内外十三坊倾动，无不烟花候驾。"可见此风俗由来已久，到明中叶影响范围已拓展到城内外。茶园游会的民间文化活动异彩纷呈，所以又叫"东岳庙三月赛会"。东莞茶山东岳庙是岭南保护得最好的东岳庙，茶园游会是岭南保护得最完整的东岳民间赛会活动。

我们可以根据明清以来东莞的地方志记载，一窥传统茶园游会的盛况：明代的茶山东岳会，"各乡争胜，街衢男女哄然"；清代每年"三月东岳降神，城内外十三坊倾动，香花无不候驾远来，舟楫长河，衢陌肩摩"，那时各地来观光的人已经水陆并进了。直到民国时期，东岳庙会还是由各坊姓氏的祠堂轮值，"袁姓值一年，各姓值一年，五坊递轮，周而复始。东岳庙之庙司，由值年之坊招人承充云"。

传统的茶园游会活动主要由八个仪式环节组成。

（1）请神

东岳庙除了东岳大帝主神之外，还有关帝及雷帅、康帅、紫衣、绿衣、土地、父老六位本土民间神灵。每到农历三月廿五上午，茶园游会的第一个仪式就是"请神"，将东岳大帝、关帝及六位民间吉神请出神坛，安放在庙内的戒亭，并为众神像擦身、洒净、穿袍、敬香。请神时，民众已从各地赶到东岳庙，焚香祈福，呈现"多少峨眉参泰岱，长拖红袖把香烧"的盛景。请神的民众按照老传统，纷纷到东岳庙挂灯笼，灯笼上的名片具书各家的大名，祈求阖府平安。专门制作茶山公仔的老艺人精心装扮神像，使檀木雕刻的神像活灵活现，彩绘的衣饰鲜艳夺目，每尊菩萨神情威严。

民众祈福的灯笼（茶山镇文化服务中心提供照片）

（2）摆会

请神仪式后，东岳庙道众测算吉时，恭送东岳大帝、关帝及六位菩萨起驾出巡，民众将神像抬出东岳庙，安放在游神出发点下坯林氏大祠堂的宽阔空地上，在此处调配游行队伍和人马编队，称之为"摆会"。摆会对出行的各个方阵和先后序列是有严格讲究的。

摆会（茶山镇文化服务中心提供照片）

茶园游会出行（茶山镇文化服务中心提供照片）

（3）走菩萨

编队后，巡游队伍由开道、带程、旗牌、神像、宫女、护驾、罗伞、旗幡等组成。民众抬着安放在神轿上的东岳大帝、关帝及六位菩萨起驾出巡，钟鼓齐鸣，一路奔走，谓之"走菩萨"。游神路线贯穿茶山各村社，经过南社、卢边、增埗、茶山圩、超朗、横江、京山、下朗、刘黄、孙屋、栗边等，队伍每到一处，民众祭拜，祈福保平安。民众抬着众神像走菩萨到三月二十七日傍晚，将游会用具暂放在林氏大宗祠，等待第二天继续巡游。

走菩萨（茶山镇文化服务中心提供照片）

（4）巡游表演

巡游表演，历来就是广东神诞赛会的重头戏，东莞自古是广府的经济文化发达之区，茶园游会的"赛"劲更加精彩。我们根据历史文献窥其大略，知道清代三月二十六日茶山东岳会，"饰童男女为故事，衣文衣、跨宝马"，"设彩棚、香供，鼓吹导迎，填溢街巷"。

现代的历届茶园游会，其组织方式已经打破了原先由各坊宗族祠堂操办的局限，成为各方联合组织的全民庆典了。茶园游会活动程式在沿承传统的同时，与时俱进有了很大的创新发展。巡游表演有东莞本土和来自各地及港澳地区的非物质文化遗产项目、民间文艺和技艺、化妆神话故事、戏剧造景等共冶一炉，各种"赛事"令人目不暇接。

按老传统，走菩萨队伍开路之后是骑马表演，当地人称为"飞步"，之后是表演队，由执事带路，引领男女儿童精心化妆打扮的武将——武巡、饱读诗书的文士——文巡，在前表演。

随后就是老传统扮演各种"景"的队伍，现代茶园游会叫"故事队"。故事队是由人物扮演民间故事或神仙，如福禄寿喜、七仙女、天姬送子、桃园结义、杨门

新中国成立前最后一次茶园游会上男女幼童扮演的武巡（茶山镇文化服务中心提供照片）

当代茶园游会儿童扮演的文巡队（茶山镇文化服务中心提供照片）

女将、八仙贺寿等，走在大巡游队伍中，给民众送去喜乐和福气。

故事队之后是瑞兽表演。所谓瑞兽，就是岭南节庆和诞会常见的龙、狮、麒麟、貔貅等寓意吉祥的走兽。瑞兽表演就是舞龙、舞狮、舞麒麟等。近几年，富有特色的香港龙舞、澳门狮舞表演队也参加茶园游会的巡游。

茶园游会上的八仙贺寿化妆表演（茶山镇文化服务中心提供照片）

当代的茶园游会，因各地的非物质文化遗产保护项目参与，成了非物质文化遗产项目的展示平台。来自市级、省级、国家级的非物质文化遗产项目技艺高超，例如流行于中山、澳门一带的国家级非遗项目醉龙，喝醉了酒的群龙舞步蹒跚，似乎在表演醉拳，憨态可掬，而在群龙腾空的时候又错落有致，不失庄重。醉龙所过之处，还沿途酒香四溢，令观众也如痴如醉。流行于粤东一带的国家级非遗项目英歌舞，既有岭南人熟悉的南派武术的阳刚之美，又有远古中原遗存下来的傩舞的古朴醇厚，

香港舞龙表演队（茶山镇文化服务中心提供照片）

来自澳门的舞狮队（茶山镇文化服务中心提供照片）

茶园游会的非遗项目表演——醉龙（茶山镇文化服务中心提供照片）

茶园游会的非遗项目表演——英歌舞（茶山镇文化服务中心提供照片）

茶园游会的非遗项目表演——鳌鱼舞（茶山镇文化服务中心提供照片）

伴随着节奏分明的打击乐翩翩起舞，令整个巡游队伍和两旁的观众都热血沸腾。鳌鱼，是岭南人钟爱的水族，岭南的祠堂、神庙、大户人家的屋脊上往往都有陶瓷制作的鳌鱼装饰。流行于珠江三角洲的广东省级非遗项目鳌鱼舞，鳌鱼在巡游队伍中营造出水景气氛，成双成对的鳌鱼在水中轻游曼舞，不单给火热的观众带来一阵清凉，还使老广们心头痒痒地期盼着孩子们在高考中能独占鳌头。技艺高超的非物质文化遗产项目表演令茶园游会的观众大饱眼福，非物质文化遗产项目也在茶园游会找到了活化的舞台。

巡游表演有些项目是不能在行进的队列中展现的，只好作为巡游之后的余庆，在会场上补充演示了。例如茶园游会节庆期间，总令东莞人记怀的茶山公仔、牛过蓢松糕等。

茶山公仔出自东莞市茶山镇，是早在明朝就有的民间泥塑工艺品。茶山公仔色彩鲜艳，手工精美，适合摆放在家中、祠堂，或者赠送亲朋好友。一是取其开枝散叶、人丁兴旺的好兆头；二是取其团结友爱、互相扶持之寓意。茶山公仔是广东省级非物质文化遗产保护项目。现代茶园游会，也成了少年儿童学习和传承茶山公仔制作技艺非遗项目实践的机会。

茶山公仔（茶山镇文化服务中心提供照片）

岭南人把松糕又叫"发糕"，这是节庆必备的食品，取其"高发"的吉祥寓意。牛过蓢，是茶山镇的一条南宋古村，现有明清民居79间，宗祠3座，古井4口，古巷6条，是东莞市保存较为完整的明清古村落。该村有一种美食——牛过蓢松糕，同古村一样历史悠久。"茶山松糕，寮步笠帽"，东莞民谣唱出这种美食

茶园游会上儿童学习制作茶山公仔的非遗体验活动（茶山镇文化服务中心提供照片）

茶园游会中的牛过蓢松糕制作体验活动（茶山镇文化服务中心提供照片）

牛过蓢松糕节（茶山镇文化服务中心提供照片）

在莞邑中享有的盛誉。牛过蓢村的村民每逢节庆神诞必定制作松糕，其香味飘逸在村里林间，让人垂涎。现代茶园游会上，牛过蓢松糕制作技艺也搬演到游艺表演的舞台上来了，举办牛过蓢松糕节，大家分享制作的体验，牛过蓢松糕的香气也扩散到茶园游会的会场。

（5）冲神

农历三月廿五日下午，结束巡游的众神回归东岳庙。青壮年抬着东岳大帝、关帝及六位菩萨来到东岳庙的大门外，稍事整理，抬着众神的队伍排列成一个个方阵待命。忽听一阵锣鼓发令，一个个方阵发力冲上东岳庙前的台阶，尽快往庙的正殿冲去，快到正殿门口了，方阵又像一股潮水退潮似的，倒退回到庙的大门外，随即又奋力冲向正殿，再倒退回来，如是往复来回冲三次，然后才抬着众神冲入正殿。这便是冲神仪式。抬神队伍越冲越起劲，锣鼓助力之声也一浪高过一浪，冲神进入高潮。之所以要往复三次，是因为茶山民众认为"三"是个吉祥数字，是生机勃勃、风生水起、生龙活虎等"生"字的谐音，冲神三次的象征意

冲神（茶山镇文化服务中心提供照片）

义体现了敬天、敬地、敬人，生生不息。这种潮涨潮落终于达成目的的冲击，也彰显出岭南人勇立潮头、奋发向上的精神意志。

（6）返坛

农历三月廿七日傍晚，民众抬着已在茶山各村社奔走三天的东岳大帝、关帝及六位菩萨"冲"回到神殿，小心翼翼将众神安放回神位，即为"菩萨返坛"，至此巡游落下帷幕。

（7）做诞

农历三月廿八日是东岳大帝的正诞日，东岳庙中进过贺诞表文之后，茶山及附近村镇的香客一大早就抬着烧猪前往东岳庙上香，称为"接贵人"，祈求平安富足。东岳庙在庙内东岳大殿设坛，信众纷纷上香，为东岳大帝贺诞、祝寿，祈求国泰民安，风调雨顺，家宅康泰。贺诞仪式持续到深夜。

（8）分烧猪

茶园游会又称"烧猪会"。据民众讲述，旧时茶山邻里之间凑合着用餐余的食料共养一头猪，待东岳大帝寿诞期间作为烧猪祭品，为东岳大帝贺诞。做诞结束，民众将烧猪抬回自己所属的祠堂，各家分烧猪。现代茶园游会的烧猪，都是众人凑份子钱买的，先供奉东岳大帝，然后在祠堂分享。

在祠堂分的烧猪，虽不同于"太公分猪肉"，但这是拜祭过东岳大帝的"胙肉"，沾了神的恩荫，是一定要分享的。连参加茶园游会的外国友人都候在一旁垂涎欲滴，欲尝一脔。

现代茶园游会还增加了一个项目，在给东岳大帝贺诞的同时，也祝贺茶山的老人健康长寿，把茶山敬老节也组合进茶园游会之中。三月廿八日在祠堂、酒楼开万福宴，款待60岁以上的老人，老人们欢聚一堂，共庆晚年之福。

茶园游会民俗活动历史悠久，是国家级非物质文化遗产保护项目，历经五百余年的沉淀，深深植根于茶山人民的文化和生活，影响遍及东莞全市和珠江三角洲地区，并向粤港澳大湾区的核心城市香港、澳门辐

抬来贺诞的烧猪（茶山镇文化服务中心提供照片）

分烧猪（茶山镇文化服务中心提供照片）

万福宴（茶山镇文化服务中心提供照片）

射。茶山是个侨乡，旅居美国、东南亚、澳大利亚等国家和地区的茶山人也在游会期间回乡，寻找自身的文化根脉。来自江西、湖南、湖北、福建、广西、四川等地的多民族的在莞务工人员，也自发组织文艺方阵参与巡游民俗活动。

2. 吴川年例

年例，即各村一年一例的民间节庆，是古代以来就盛行于广东南路（今称粤西）湛江、茂名等地区的习俗，就是每条村在一年中的某一个特定日子举行一系列的庆祝活动，在历史上形成定例。例如吴川年例，据清光绪吴川《梅菉志》记载："二月祭祀，分肉入社，后田功毕作，自十二月至于是月，民间多建平安醮，设蔗酒丁门，巫者拥神疾趋，以次祷祀"，"乡人傩，沿门逐鬼，唱土歌，谓之年例"。就是说旧时吴川民间从开春的农历二月到年底十二月，各村都分别排满了年例节庆；

之所以同"年"扯上关系，是因为这些民间节庆大部分集中在农历正月、二月的年节期间。其余一些安排在农历三月至十二月，这样吴川全市15个镇、街及1529条自然村一年到晚年例就几乎没有一个月空过。年例一般一个村一天，个别村举行两三天，又有附近数条村庄的年例是在同一日举行的，还有少数村的年例是占卜决定的，但都在特定的几天内。

年例，各村都借敬奉本村神诞为名过节，节庆习俗其实主要是集中在"看"和"吃"，所以吴川民间又有"睇年例"（看年例）和"吃年例"之说，统而言之就叫"做年例"。旧时传统的睇年例，主要是看"摆盅"和"游神"，其中还插入"烧炮"。

摆盅，是旧传统年例活动中最热闹的场面。全村的男女老少，臂挎肩挑，把准备好的供品集中到村头或村中的空地上，摆上供桌，把本村和邻近友好村庄的所有神像请出来供上。供品一定要有鸡、猪、鱼"三牲"，鸡的嘴还衔着一封利事（红包）。此外，还有酒、肉、水果等节日享用的食品。供品中间插上高高的蜡烛，横竖成行，光焰闪耀，增添了不少神秘气氛，此外还有一盘盘的爆竹展开，一挂一挂地接在一起，连成几十丈长的红色的方阵。摆盅把一切都摆列好之后，就开始祭祀了，一时间钟鼓齐鸣，炮声震天，欢声雷动，"摆盅"达到高潮。有些村做年例摆盅还有"沿门跳傩"驱邪的习俗。现在湛江非物质文化遗产保护项目傩舞还有保存了600多年的傩舞面具。

年例做大戏是少不了的，因而也产生别具特色的广东南路"南派粤剧"。年例最受村民欢迎的是价格相宜又便于在各村简单布演的木偶戏，吴川的木偶戏班也因此越来越兴旺，20世纪80年代达到100多班，红遍粤西地区。

游神几乎是各条村年例不可缺少的一部分。吴川民间信俗广泛，旧时各村都有自己的村庙，还有多条村或一个地区共奉的大庙，每个地方的土神在"做年例"的日子就当神诞来做了。游神的队伍多是村民们通过抽签等方法组成的，其中抽中抬菩萨的村民被大家认定为幸运儿，因为他沾了菩萨的恩泽。年例日从庙里将神请出来坐上神舆，抬起来或推车前行。村民有负责担彩旗的，有负责敲锣打鼓的，还有村民手拿自制的火炬跟随队伍，有些游神队伍还有八音班和傩舞随行。游神队伍按传统路线游行，沿途接受村民朝拜。当不同村的巡游队伍碰在一起时，大家就会抬着菩萨奋力赛跑，叫作"压舟"，赛胜的一方感到特别光彩。

近几十年来，吴川年例与时俱进，发生很大变化。吴川年例这一独具地方特色的传统民间节日被注入了新的内涵，人们在年例时举行祭祀主要是缅怀先祖，不太理会泥菩萨了。现代吴川年例成了广东省级非物质文化遗产保护项目，年例活动，集各种民间技艺、舞蹈歌咏、南派粤剧、工艺美术、饮食烹调于一体。民间也越来越注重年例民俗文化的享受、亲朋戚友之间的感情联络，互相招请"睇年例"和"吃年例"成为吴川年例主要内容。年例期间，各方来"睇年例"的宾客人山人海，鞭炮声伴随着锣鼓声不绝于耳，家家张灯结彩，村镇街道布置彩楼、彩廊、画廊，搭建花桥、花塔，装扮飘色、泥塑等，各种民间艺术表演竭尽所能，赛出本事，随众点评。一村过年例，周围村庄很多村民都来"吃年例"，看大戏、木偶戏助兴。

"吃年例"，是广东南路各地年例最大的共同特色。吴川的老辈人提起"吃年例"，都会讲起"老皇历"：几十年前，吴川农村"吃年例"没有现在这么热闹、隆重。那时，生产队干鱼塘，杀几头猪，社员们领回几斤鱼、几斤猪肉，再杀一只鸡，就算是丰盛了，也不敢多请客人，仅限于一些最要好的亲戚朋友。随着人们物质生活水平提高，"吃年例"也就越来越讲究。现在的年例，一般人家摆上三五桌；经济宽裕人家则摆几十桌，吃的也不仅仅是鸡、鸭、鱼、猪肉，而是天上飞的、海里游的，山珍海味、土炮洋酒，应有尽有，饮食规格比婚礼还丰盛。吴川人好客的老传统在"吃年例"中发挥得淋漓尽致，总是要竭尽其所能请亲戚朋友来"吃年例"，才觉得心安理得；主人认识的客人带着主人不认识的客人到来，主人会特别高兴，认为有新客到来很有面子，更加热情款待。我曾经在吴川行走过"做年例"的村子，沿路家家敞开着大门，有些主人站在门口准备迎客，我不经意地同素不相识的主人来个友好的眼神接触，主人马上就热情地说："请进！请进！"我有礼貌地点点头，扬长而过，主人还显得有点惋惜。这种氛围令人感觉到"吃年例"也带有"赛"的味道：谁家到的客人越多，谁家就越光彩。吴川"吃年例"还是广交朋友、联络感情的一种方式，许多生意往来、发展大计都是在"吃年例"时"吃"出来的，因而吴川人做年例虽花费不少钱，但也带旺了不少行业，算起来也真的不亏。

此外，年例还有情人节的作用，深为年轻人所喜爱。每到年例，青年男女一齐做年例，一来二往，渐渐熟络，婚姻大事也就水到渠成了。

历史悠久的年例，年年月月的赛会，还赛出了一些民间技艺的绝活，其中最著名的就是国家级非物质文化遗产保护项目——吴川飘色和湛江傩舞。

3. 吴川飘色

吴川飘色创始于吴川市黄坡镇沙岗村，原先在当地年例的游神赛会上巡游表演，逐渐发展为大型的造型技艺，应各地聘请在年例中巡演。现在已经从年例中脱颖而出，成为可以远涉中国各地和海外的非遗表演项目了。吴川飘色造型人物年龄为6至12岁的小孩，多以神话、民间传说或戏剧人物为内容，如《唐僧取经》《八仙过海》《六国封相》《白蛇传》等；近年又增加了《奥运健儿》《红色娘子军》《杂技》等新颖题材。

吴川飘色的特点是凌空飘逸，由旧时的"一屏一飘"发展到"一屏多飘"，甚至有十多人造型的"多屏多飘"，成为飘逸在空中的大舞台。该项目代表了我国飘色技艺的高水平。

十人飘的"六国封相"

游行中的"八仙过海"

　　吴川飘色巡游时，每隔十组飘色配一套本地锣鼓班开道，彩旗、幡伞、八宝等仪仗队相拥簇，光彩夺目，相互辉映，声、色、艺完美交融在一起，场面壮观，气氛热烈，深受广大人民群众喜爱。

4. 湛江傩舞

　　《雷州府志》记载：清代雷州府于正月十二起，连续15日"城市间每夜彩灯，或三四百人为一队，或五六百人为一队，放爆竹、烧烟火，妆鬼判诸杂剧，丝竹锣鼓迭奏，游人达曙，是曰傩"。这就是起源于远古中原的傩舞。跳傩舞者戴着各种面具，翩翩起舞，驱邪逐疫，祈福消

湛江傩舞"考兵"队形。"考兵"的意思是驱邪祈安（陈鸣鸿摄）

沿门跳傩（湛江市非物质文化遗产保护中心提供照片）

保存了六百多年的傩舞面具

灾。远古风俗在雷州半岛承传下来，叫做"跳傩"。历史上，湛江傩舞都是在年例上演绎的，例如吴川年例就有"沿门跳傩"习俗，傩舞沿门跳进家家户户。现在雷州民间还保存有600多年历史的傩舞面具。

湛江傩舞参与到四乡的年例之中，是为"乡人跳傩"，有粗犷、庄严、威武的古典民间舞蹈特色，以陶鼓、高边锣、牛角等古老乐器伴奏。这种从远古中原走过来的舞蹈，在岭南乡土化了，被称为"中国民间舞蹈的活化石"。

岭南的赛会除了赛排场、赛工艺、赛技巧、赛毅力，还有赛家养禽畜的，最震撼的莫过于粤东的"赛大鹅"和"赛大猪"了。明中叶以来，粤东潮汕平原全面开发，农工商百业兴旺，潮汕人"营老爷"——祭祀菩萨的待遇也升格了，在年节祭祀地方神灵的时候"赛"劲高昂。潮汕人民历来讲究农副业精耕细作，他们拿出来"赛"的就是自己养殖的禽畜产品，也就是拜神供桌上必不可少的鹅和猪，"赛大鹅""赛大猪"由此而兴。潮汕人家为了"赛"赢，出尽法宝精心养殖自家的鹅、猪，越养越大。经过几百年的定向培养和选育，鹅、猪体型越来越大，

狮头鹅（翁海山摄）

竟然育出了世上少有的优良禽畜种质。例如主产粤东的狮头鹅，可以长到30多斤，是世界级大型鹅种，不单收入了《中国家禽品种志》，成为国家畜禽品种资源重点保护品种之一，也是世界粮农组织公认的禽畜优良种质。

赛大猪也曾培育出潮汕地区的优良猪种，但社会变迁，环境受限，自家养猪出"赛"已经淡出，但赛大猪的风俗却是传承了下来，这就是揭阳的"摆猪羊"。

5. 摆猪羊

摆猪羊习俗流行于揭东区新亨镇的硕联村，是每年农历正月十六、十七两天敬奉财神的活动，起源于明中叶，至今500多年了。

摆猪羊民俗活动由硕联村"下十社"的上社、中社、南社、后社、龙社等十条自然村轮值兴办，当年轮到的社称为"着当年"。从正月十五开始，"着当年"的村民家家户户张灯结彩，宰猪杀羊。猪羊一律要选取自家饲养两年以上的公猪、公羊，清洗干净，用石榴花仙草水擦

装饰华丽的"神厂"

拭内外，另制作大木架，把猪羊摆上架顶。猪羊的口含上一只柑橘，身上贴上"吉""双喜"或吉祥图案的大幅潮汕剪纸，有些猪还在猪头系上红绸花带。每一架猪羊都写上户主姓名作标记。村中早已提前搭建好"神厂"，以安放财神老爷神像；"神厂"要用潮绣和各式锦旗、锦帐装饰华丽，尽量高大宽敞，有足够宽阔的地面空间摆放猪羊，"神厂"本身就是大型的潮汕搭建艺术品。

元宵午夜过后，各家各户就将猪羊抬到供奉财神老爷的"神厂"，头朝向神像，四肢伸展，状似向财神老爷奔跃；同时还摆上甜粿、鲜果、海鲜、名贵古玩、剪纸作品、名酒、名茶等祭品。正月十六日一早，开始鸣炮点香拜祭。摆猪羊的仪式持续两天，全村1000多条猪羊，在整个"神厂"地面一架连着一架摆列开来，场面十分壮观；拜桌上也摆满各家的祭品，美不胜收。各家的猪羊和祭品任由四乡和各地来客参观品评。谁家的猪羊够硕大肥壮，得到众人的好评，谁家就大有面子。所以，这些猪羊一定要精心养育，务求够大够壮。现代受条件所限，摆羊的少了，自家也很少养猪了，大多从市场上订

"神厂"内摆开的猪羊

购，但"赛大猪"的精神丝毫不减，订购也要商家务必预留大猪，"赛"不落人后。

摆猪羊期间，村中组织各种传统活动，村中新婚、新添丁的青年要抬着财神老爷的神像沿着传统路线游行，俗称"营老爷"。还有锣鼓标旗巡游和醒狮、英歌舞、潮剧表演，连续数天全村喜气洋洋，客人往来不断，一派欢乐祥和。

正月十七日晚上，"着当年"那条村德高望重的父老在神台前卜定吉时，点燃三声礼炮为号，宣布摆猪羊仪式收摊。大家点香、烧元宝、放爆仗，再拜财神老爷，然后收拾祭品，抬起猪羊回家。各家主妇儿童也提起灯笼，到神像前点上灯笼，俗称"上灯"，随后在街巷中穿行"游灯"，到家后将灯笼高高挂在门前，寓意将吉祥好运带回家中。供献过财神老爷的猪羊，要由户主分割，除了自家享用宴客，还分赠亲朋好友，大家分享神福。

四、人生礼俗

出生、成年、结婚、生子、辞世，都是人生大事。岭南人在漫长的历史进程中，汇聚和传承了中原的很多礼俗。现代，有些礼俗在中原地区已经式微甚至消失了，但在岭南却比较完整地承继下来，并且在岭南风土化了。

（一）出生礼俗

人丁出生，是家中的大喜事，岭南人家通常就用一盏花灯来庆祝，这就是"上灯"或"花灯"的风俗。岭南人家生了个男孩，就叫"添丁"，"灯"与"丁"谐音，挂个灯就是寓意"上丁"的好意头了，旧时人家添了丁，在"上灯"的同时还要去祠堂"报到"，告诉宗族喜添男丁，宗族要把新丁记入族谱。从前，此风遍及岭南，广府地区多称为"开灯"。现在春节至元宵前后，行走珠三角乡村还可见到"开灯"的风习，花灯零落挂在神庙、祠堂、社稷坛、树头或者村头巷口。现在这种风俗在广州从化、河源、梅州、茂名信宜等客家人地区还保存得比较完整，已分别列入了各级非物质文化遗产保护项目。

1. 从化上灯习俗

客家人从北方一路辗转南下，广东肥美的好地方早已有主，客人多半在穷乡僻壤安身立命，筚路蓝缕以长子孙，人丁繁衍至关重要。春节至元宵前后的节期，一盏花灯，除了与"丁"谐音的吉祥之外，还寓言光明璀璨，薪火相传，生生不息，"上灯"这种风俗是绝对要隆盛的。

广州北郊的从化多明清之际战乱从粤东迁徙而来的客家人，200多条自然村过半有此风俗。从化各村上灯日期不尽相同，大抵都在农历正月初七至十五之间。大家有意错开时间，以便互相过访祝贺和使更多亲戚朋友参加。

（1）上灯的顺序

从化乡村，所有在新年上灯的家长都叫"灯主"，但"灯主"有先后之分。谁家在旧年先诞下男丁，这家男主人就称为"头灯"（或"灯头"）；谁家最后诞下男丁，就称为"尾灯"。上灯的时候，按顺序从"头"到"尾"，进行上灯仪式。在同一宗族或家庭中，上灯也要"论资排辈"。旧时生活困苦，有些男丁已经成人甚至做了爷爷仍未有机会上灯，后来生活改善了想补办上灯仪式，如果子孙辈有人在同年上灯，这家人也要按从爷到子再到孙的顺序进行，但挂灯的高度保持一致，平起平坐，无高低之分。从化有些地方不仅男丁出生要上灯，待他年满60，家族还要再为他举行一次上灯，谓之"上老灯"，上灯风俗便显得更加庄重了。

（2）上灯仪式

从化上灯通常有放灯绳、选灯、接灯、上灯、暖灯、化灯（圆灯）6个程序。

①放灯绳。灯主提前一些时间，预备好麻绳、棕绳或红色塑料绳，长三丈三尺（"三"谐音"生"），绳结一块红布，上写新丁的名字。然后在祠堂的上梁找好位置，把灯绳的绳头挂上去，放长灯绳，把绳尾系在柱子上。放灯绳这个位置就是这位灯主上灯时用的，其他灯主就不好再挤占了。

②选灯。旧时从化彩灯制作形成了不少专业户，彩灯制作技术精湛，花灯上还附加有各种吉祥的饰物。各种花灯有不同的名堂，例如

放灯绳（广州市非物质文化遗产保护中心提供照片）

163

从化新花灯（广州市非物质文化遗产保
护中心提供照片）

"鸿运当头""新春大吉""丁
财两旺""财运亨通""吉星高
照"等。春节至元宵期间，各墟
市的墟日都大卖其灯，村民会趁
墟选灯，根据各自的愿望，预先
选定心仪的花灯。花灯价格丰俭
由人，但按俗例通常不讨价还
价，有时买方还有意加点钱，凑
成个好意头的数字——大概是
"三"（生）、"八"（发）、
"九"（久）之类。

③接灯。上灯当天，狮鼓在
前开路，道路两旁摆满爆竹。村老捧着"三牲"先行，从化客家人省
俭，"三牲"通常就是农家易得的猪肉、鸡、鱼。村民挑着竹篮随后，
竹篮里头放着各种敬拜祖宗的供品；当日要上灯的"灯主"也跟随村老
前行。拿回家中的花灯，还要系上百仔芋头（很多小芋联结的芋头）、

村民准备接灯的物品（广州市非物质文化遗产保护中心提供照片）

柏树叶、花手巾等物件，寓意多子多福，富贵长青。村老在花灯前奠酒，点燃香烛，他一声令下，接灯开始，锣鼓雷动，狮子起舞，爆竹齐鸣。灯主向灯行礼。礼毕，头灯取灯先行，众灯主随后，来到祠堂，打开大门，迎灯进入。

④上灯。所有灯主进入祠堂，把预先就放置好的灯绳和彩灯的顶部连接起来。村老发令："上灯！"各人把花灯缓缓升起到同一高度，然后众灯主再次行礼，打起锣鼓，燃放爆竹。

上灯（广州市非物质文化遗产保护中心提供照片）

⑤暖灯。上灯之后，还要陆续为花灯添油，使灯火长明不灭。各灯主还设宴款待同房兄弟，拿"三牲"供品上祠堂拜祭列祖列宗，谓之"暖灯"。旧时祠堂有公尝钱项，会摆酒宴请上灯的灯主，全族人庆贺喜添新丁，吃过灯酒，祠堂将新丁名字记入族谱，这个新丁才正式进入本宗族行列。

⑥化灯。从化各村通常到正月十六就要焚化花灯，为了意头好听，这仪式又叫"圆灯"，是说到此灯事圆满了。化灯前，村中小孩早早就等候在祠堂，随着花灯徐徐降下，孩子和妇女便一哄而上，争抢各自心仪的花灯饰物，特别是那些还没有诞下男丁的妇女，会尽力去抢那些

百仔芋头、柏树叶等据说有助于生男丁的饰物，有时连上灯的绳子也被抢去了。这时灯主也逗大家玩，故意把灯扯上扯落，引起热闹的争抢场面。然后灯主收齐花灯碎片，与吉祥草堆在一起，由子孙满堂、德泽深厚的村老点火焚化，是为"化灯"。在燃烧前，灯主要预先准备好一支"传灯火"用的竹子，借化灯的火把竹子点燃，然后传回家中，寓意香灯不灭，人丁兴旺，世代相传。

从化上灯民俗活动，除了饮灯酒，还有醒狮助兴；更加讲究的，还加上"掷彩门"的重头戏。

2. 河源忠信吊灯习俗

河源，是从化一些客家人的祖居地，看看那里的上灯习俗，或许可以发现两地之间一些风俗的渊源关系。忠信吊灯是河源市连平县忠信、油溪、高莞等6个乡镇客家人在春节至元宵期间庆贺添丁、祭祖的传统习俗。忠信吊灯习俗同从化相近，也有放灯绳、买灯、迎灯、上灯、暖灯、化灯6个环节。

①放灯绳。放灯绳就是这年新添丁的人家预先将一条长绳挂上本宗族祠堂的上梁，一般在农历十二月二十五日"入年界"至除夕之间进行。其做法同从化的客家人基本相似。

②买灯。农历正月年初九，是忠信新年墟市的首个墟日，称为"开年街"，以卖忠信花灯为主。花灯有"伯公灯""龙凤灯""五福灯""状元灯"等名目，上灯的人家可以根据自己的意愿选择。

③迎灯。一般在正月初九至十二日之间举行，其特别之处是花灯须由外家送至祠堂门口，由一个多子多福的村老为迎灯人，将花灯迎入祠堂，交给添丁人家，把花灯连接在灯绳头上，花灯还要系上百眼芋头（从化叫百仔芋头）、柏树叶、葱、蒜、花手巾等装饰物，寓意新丁聪明伶俐，多子多福。

④上灯。这是忠信吊灯习俗中最重要的环节，先由族长主持祭祖，然后各个添丁人家把花灯拉升到同一高度，又称为"升灯"。升灯时，

爆竹声连绵不断，锣鼓八音同奏，气氛十分热烈。上过灯的新丁，便可录入本宗族的族谱，谓之"上丁"。

⑤暖灯。上灯之后，添丁人家要每晚到祠堂为花灯添油"暖灯"，直到正月二十日或二月初二举行化灯仪式。

⑥化灯。是将花灯与吉祥草一同焚化，添丁人家要用一条竹子引火带回家中，谓之"传灯火"。这个环节同从化几乎一样。

3. 信宜六双花灯

明清时期，有些客家人因为社会动乱多次迁移，例如有些客家人就从已经惯居的广府地区再迁往粤西，他们的上灯习俗有了很大的变化。六双花灯习俗主要流行于茂名市信宜六双村一带。清《信宜县志》载："元宵，城市家悬彩灯，亲朋聚赏，箫鼓歌讴之声达旦。多于是月乡傩，名曰年例。"六双花灯习俗就被客家人办成粤西的年例了，原先客家人的上灯习俗，也大有年例的风格。

六双花灯，就是六双村每年正月十七日的年例，人们既有添丁上灯的寄寓，又有年例大喜大乐的愉悦。旧时，六双村的村民有许多是制作

六双村民在甘氏祠堂扎灯

当代六双花灯创作

六双花灯汇展

花灯的专业户，组织有花灯会。六双村的甘氏祠堂有田地出租作为宗族的尝产，年景好、尝产收入多的时候，就有部分资金拨给花灯会做年例上灯。他们制灯、出灯、宴客、迎神、赏灯、游灯，有很强的赛会气氛。

首先，是花灯制作适合赛会的模式。最显著特点是破除了只有男丁上灯的局限，女孩子也可以上灯。传统男灯的顶部是六角形，颜色尚白，俗称"白花灯"，寓意"白花贵子"；女灯多用方顶或圆顶，中间凸肚，玲珑纤巧，颜色尚红，象征红颜靓女。传统六双花灯有六面宣纸为面，三面作画，三面诗书，很有文化韵味。旧书画题材，多以祥和、喜庆、长寿为素材；现代的题材多为新潮创作，很时尚。现代花灯制作，也突破了传统的范形，各出奇招了。

六双花灯习俗既是做年例，吃年例的环节自然也不会错过。人们呼朋唤友，品尝佳肴美味，聚饮欢腾。晚上，家家户户把花灯挑到村中的广场，各式花灯汇聚，供来自各地的亲朋和游客鉴赏、品评。数千的花灯争红斗艳、美不胜收，客人穿梭其间、悠然自得。被大家认为"最牛"的花灯，其主人倍感荣耀。旧时村里搞过花灯比赛，一等奖的花灯制作者获奖一盏走马灯和一担谷，赚足了面子。

花灯巡游时，大锣开道，其后火把、金字牌匾、走马灯相映衬。队伍中还有一条巨型的百米香火龙，浑身插满高香，香火缭绕，口吐龙烟，沿途舞动，各式花灯穿插其中。在六双村辖下的6条自然村巡游一

花灯巡游

挂喜灯

周，绵延6千米，历时3个多小时。队伍回到广场，还有龙狮表演、粤剧歌舞，高潮迭起。年例过后，各家将花灯挑回家中，挂于堂上，称为"挂喜灯"。

4. 清远佛冈豆腐节

清远市佛冈县高岗镇社岗下村是一条客家村，本村林氏家族喜添新丁，也有保存着隆重的元宵上灯习俗，但客家人迁入广府地区，入乡随俗，在仪式上也有些变化了。清代，珠江三角洲经济发展，宗族制度也随而普泛，不单多建公祠，还建起了属于个别家族分支甚至是私家的祠堂，有自己的"私伙太公"，这些属于"私伙"的乡村祠堂一般都很简陋，通常只有一个厅堂，所以又叫"太公厅"或"香火堂"。社岗下村林氏除了有林氏大宗祠等三间大祠堂之外，还有私家香火堂。他们在买灯、迎灯、挂灯、上灯等方式上仍保存着同其他客家人相近的老传统，但也因时而变，在上灯时要先上大祠堂的灯，然后再上私家香火堂的灯。另外，还多了一项罕见的民俗活动——打豆腐仗。

这风俗的起源同社岗客家的生产和生活习俗有关。客家人喜种黄豆，善做豆腐，社岗客家豆腐在当地有美誉，逢年过节，豆腐是社岗客家人必备的美食。社岗的上灯安排在每年的农历正月十三至十五日，按照老传统，正月十三日上灯第一天是吃斋

佛冈花灯（林勇伟提供照片）

的，客家人最上等的斋当然就是豆腐。相传某年正月十三日新丁上灯的日子，村中有个做豆腐的人想甩掉手上沾的豆腐，不经意地把豆腐甩到另一个人身上，那人心有不甘，于是顺手抓起身边的豆腐往甩手

上灯（林勇伟提供照片）

人的身上掷去，对方也抓起一把豆腐回掷，于是一来一往就打起了豆腐仗。到第二年上灯时，添丁数量竟然比上年多出了很多，大家追溯原因，就想起了上一年的豆腐仗，认为"掷豆腐"是添丁的好意头，于是每年正月十三日上灯掷豆腐成为社岗下村的习俗，上灯节被叫成"豆腐节"，代代相承，上灯节这老名反而没人叫了。

上灯，有"打豆腐仗"的介入，于是灯头就多了一项任务，那

就是负责向当年上灯的各添丁人户收集"豆腐钱"，安排当年豆腐节的事宜。后来，豆腐节声名远播，来"参战"的客人越来越多，只靠新丁家庭集资不够，村民和其他人士也来捐资；本村做的豆腐不够，就去外村订购。

农历正月十三日中午迎灯、上灯。由所有添丁者、锣鼓手等组成迎灯队伍，迎灯前先让客人们试吃豆腐，吃完豆腐后大伙一起敲锣打鼓去灯头家接花灯，把花灯接进祠堂后，用绳子把花灯拴好，摆好供品。下午两点钟把豆腐运到各个指定地点，为掷豆腐"开仗"做好准备。全部添丁者集中在祖祠，鸣放鞭炮，敲锣打鼓，灯头与全体添丁者一齐拉紧吊挂花灯的绳索，将花灯升上祠堂的顶梁，完成上灯的仪式。

随着上灯鞭炮声响起，门外男女老少就迫不及待地分发豆腐，有用塑料袋子装的、有将豆腐直接装在衣服口袋里的。互相掷豆腐时，可以掷向任何人，被掷中的人会觉得吉祥如意的好兆头降临本身，同时也将豆腐掷向对方"回礼"，平日曾经发生过一些矛盾摩擦的人，在互掷之间的欢笑声中也和好如初了。当添丁队伍在锣鼓队陪伴下从祠堂出来时，早已守候在门外的人们也即时与添丁队展开一场激烈的"豆腐

打豆腐仗（林勇伟提供照片）

仗"，有时几个人一拥而上，围攻一个添丁的人，甚至抱住他撩起衣服将大把大把冰凉的豆腐抹到他的身上，打闹声、欢笑声、锣鼓声、围观者的哄笑声响彻全村，参战者、观战者沉浸在一片欢乐的海洋之中。我初到社岗村考察豆腐节，穿了一套西服正装，正在观看，突然觉得脑后一阵冰凉，原来有人奉送了一捧豆腐过来，我也忍不住"还礼"了。这套受过豆腐洗礼的"正装"只好洗净留作美好的纪念品。

等到豆腐全部掷完，人人身上都沾满白花花的豆腐——福气，豆腐仗告一段落。

正月十四至十五日，添丁队在锣鼓队的陪同下，继续去各个祠堂和香火堂上灯。正月十五日晚上，灯头公布本次上灯活动的收支，邀集村长和有威望的村老，会商今后村中发展的事项。会后，添丁队全体人员、锣鼓手、村民欢聚一堂，在祠堂共饮灯酒，当年的豆腐节也告结束了。

从化、河源、信宜、佛冈四地客家人的上灯习俗，除了极具观赏性之外，对研究客家人的移民史以及风俗的流变也是很有价值的。

（二）成年礼俗

孩子成年了，将要步入社会，承担责任和义务，在这个人生节点上肯定要有个礼仪宣示一番。大家还记得，我在前面讲过，远古越人的成年礼，很可能就是拔牙凿齿或者文身，经受些痛苦的考验，获得部落成员的资格。随着中原文明对岭南的覆被，岭南人也开始遵从中原传统的成年礼仪，酝酿成别具岭南特色的成年礼俗。最普泛的就是"加冠命字"。

"加冠命字"，是岭南民间对远古中国冠礼的称谓。冠礼，渊源可追溯到数千年前的周代，《仪礼》中有"士冠礼"专篇讲述周代的这种非常繁缛的礼制。《礼记·王制》："六礼：冠、昏（婚）、丧、祭、乡、相见。"其中"冠"礼是六礼之首，是古代男子的成年礼。男子二十岁，举行加冠礼仪：把少年的垂发盘起，头戴上冠，还要在姓名之外命名一个"字"，这是最隆重的人生礼制。男子冠礼后，获得成人资格，承担起国家义务，所以《礼记·冠义》说"冠者礼之始也"，这种"成人之道"的礼制在周代被提升到"国本"的高度。

改朝换代，这种礼制在中原地区逐渐式微以至消亡，但在岭南却被承继下来，并在岭南风土化，同婚礼一起进行，产生了"临婚始冠"，或曰"婚冠"的风俗。明戴璟《广东通志》"风俗"篇说："婚冠简略，冠不三加。"明郝玉麟《广东通志》"风俗"篇说："冠礼，谓之'上头'，率临娶始冠。"从广东各地方志上可见，到明代加冠命字成年礼俗就已经蔚然成风，但是冠礼在岭南精简化了，没有上古经典礼制那么繁缛，且是"临娶始冠"，即在成婚之时才兼行冠礼；受岭南地方气候环境影响，平民戴冠对劳作生活大不相宜，所谓冠礼其实并不戴冠于头，或者就戴上一顶平常的闲帽摆个款就算了。在婚礼前给新郎梳梳头，用"上头"仪式代替"加冠于顶"的冠礼仪式。现在广府地区的传统婚礼上还不时听到"上头"的说法，这其实是远古冠礼在广府的遗存。

广东传统婚礼上有"命字"的远古风习，普遍做法是男子临婚之时由家中的至亲或宗族中德高望重的长辈，给他命一个字号——这个字号的其中一个字通常是从本宗族族谱的班辈排字中选出，因为男子"成丁"是宗族大事，所以这个字号又叫"大字""大号"。在举行"上头"模仿加冠的仪式之后，要把这字号"公示"出来，用红纸张贴在祖屋、祠堂等处的墙

南海西樵人家用红纸张贴的"大号"，这是父亲给儿子命字（黄永聪提供照片）

上，因仪式隆重，这个过程在广府地区称为"上大字""上大号""升字""贴大号"；如果讲究一点，还会郑重其事地造一个装潢漂亮的木方框——"字架"，把红纸装进字架，高高地升挂起来，这个过程又叫"上字架"。

珠海鸡山村老人用过的"字架"

珠海人家的"字架"，这是家人给儿子命字

台山人家的"字架"（林彬提供照片）

吴川人家哥俩的字架挂在一起，这是朋友给的命字（林彬提供照片）

近几十年来，年轻人婚礼新事新办，但粤中长辈还是眷恋着源远流长的礼制传统，郑重其事地操办着成人大礼，即使年轻人力主新式婚礼，长辈也念念不忘补上加冠命字的程序。我行走各地，还不时捡拾到"加冠命字"的遗痕。

如果想领略远古中原男子成年冠礼的"岭南版"，需移步去肇庆市的高要，看看广东省非物质文化遗产保护项目——"高要加冠命字"。

1. 高要加冠命字

"加冠"。清《高要县志》载："冠礼谓之'上头'，率临娶始冠。"现在这种冠礼习俗还遍布传承在高要各镇各街和各村。男子加冠一般选择在结婚当日，根据男女双方的生辰八字择定吉时举行。

加冠前，男子沐浴更衣，冠礼简约化为"上头"，由民间的"好命公"（命相好的男士）引领到祠堂，坐到吉位，好命公为他梳头，边梳边说吉祥的祝词，例如"一梳梳到尾，二梳白发齐眉，三梳状元郎，四梳儿孙满地"之类。如村中或家族没有祠堂，加冠仪式在自家厅堂举行。民国《高要县志》补充说，这祝词其实是仿效周代《仪礼》在行冠礼进程中的祝福"醮词"。

高要的"结婚吉章"择定
了加冠的吉时，还要张贴
出来（邓婉花提供照片）

好命公在祠堂给新郎"上
头"（邓婉花提供照片）

高要人的"冠"（邓婉花提供照片）

好命公给新郎加冠于顶（邓婉花提
供照片）

　　高要有些地方还要做个"加冠于顶"的简单仪式，用一顶平时戴的红色闲帽和供品放在一起，敬过祖先；新郎要进食供过祖先的好意头食品，通常是既圆满又甜蜜的甜汤圆，然后由好命公或者父母亲给新郎戴上这帽子，就当行了"加冠于顶"的大礼。

　　"命字"是古代中国男子成人冠礼的必要仪式。高要各地在"临婚始冠"之后，"命字"仪式举行的时间不尽相同，但仪式大同小异，总依从周代以来冠礼命字的古制传统：冠礼时在祠堂拜祭一番，敬告祖先某君成人。岭南族谱往往有"字派"的记录，通常是对联或诗歌。在命字之前，长辈或宗族的父老在祠堂翻查族谱中的"字派"，从中检出一个同受命者辈分相应的字，嵌入他新命名的"大号"之中，并把这人的"大号"记入族谱，表示他已"成丁"（成人）。在祠堂"升大号"要放爆竹、舞醒狮祭祖。这其实是周代冠礼命字过程中的"告祖"仪式，染上了岭南的地方色彩。

村中父老和家长在族谱中查"字派"　　写"大号"（邓婉花提供照片）
（邓婉花提供照片）

　　已经命名的"大号"，用红纸大书"某某人字某某"，要写上这"大号"是谁命名的。通常是祖父母命名，或者父母命名，还有些是德高望重的"众人"命名。把"大号"书写在大红纸上，然后张贴到祠堂、坊巷、门楼、故居等墙壁。张贴的时候，宗族的父老、家中长辈还要一路香烛爆仗陪护着这个荣获"大号"的男子，这其实是沿袭了古代冠礼命字"书字悬壁"的遗风。

祖父、父亲命名的"大号"（邓婉花提
供照片）

众人命名的"大号"（邓婉花提供
照片）

"升字"当天，都要在祠堂大排筵席，大家举杯恭贺受过"命字"的男子和家长，祝福语不断，洋溢在一片喜庆祥和的气氛中。高要人叫这仪式为"饮字酒"。民国《高要县志》记载饮字酒的礼俗："迎立家长致醮词，命以字，授新郎爵，一鞠躬而受，立饮毕。"这其实就是周代《仪礼》"冠礼"中"醮酒"仪式的现代高要版。

在祠堂"升大号"的
隆重仪式（邓婉花提
供照片）

"饮字酒"（邓婉花
提供照片）

各家供奉到本村社稷坛的"大号"（邓婉花提供照片）

张贴巷口门楼的"大号"（邓婉花提供照片）

张贴在老屋的"大号"（邓婉花提供照片）

承"严慈"（父母）命名的"大号"装饰起来，供奉到社稷坛（邓婉花提供照片）

张贴在坊巷口的"大号"（邓婉花提供照片）

张贴祠堂的"大号"（邓婉花提供照片）

　　高要有些村落会在每年的大年三十晚或者新年初一早上，把当年命字的红纸集中在各处张贴起来。有些"大号"还簪花戴红装饰起来，配上供品，供奉到村中的社稷坛。如果这年新婚的男子特别多，"贴大号"通常会把全村、全街各处装点得一片火红，凸显出本宗族的兴盛。

　　高要有些乡镇还秉承着远古中国加冠命字作为国之"重礼"，多次加冠的传统，在首次加冠命字之后，还要每隔十年再举行一次。例如在高要莲塘镇等地。

　　在莲塘镇波西村，经过首次"命字"的男子，在十年后再次获得隆重"命字"，主要程序有：写字、贴字、贺字、赞礼、宴饮、表演六项。这些程序"通演"，可以使我们有缘得见加冠命字的全套仪式：

　　①写字。农历二月十一日为写字日，由族人中德高望重的长老来命字，这次命字不一定按族谱字派排序，但是很考命字长老肚里的墨水，长老要为其人配一个同名字相关联而又有文采字号，例如人名林旭升，长老为其命字"日高"，同"旭升"很般配。命字的帖为："众命林旭升字日高"。这是很考究的中国传统文化中的命字技巧。

　　②贴字。农历二月十二日为贴字日，把命字红帖贴到祠堂。

莲塘镇波西村十年一次的新命字（邓婉花提供照片）

③贺字。农历二月十三日当日，新命字者在亲人引领下到祠堂拜祭，称为"贺字"。

④赞礼。赞礼仪式安排在所有"新字"都贺字之后，在祠堂前举行。由德高望重的父老进行赞礼，极其隆重地分为大赞、主赞、引赞等赞礼角色。随后所有"新字"辈们在祠堂门口上香叩拜，接着在"新字"辈中找一个代表诵读祝文，祝文内容包括讲述村中历史、丰功伟绩、命字人数等。这个仪式，其实是发挥了周代《仪礼》"冠礼"中"醮词"程序的文化意蕴。

⑤宴饮。赞礼结束后，由"新字"辈宴请"旧字"辈，答谢长辈的关爱。

⑥表演。宴饮之后，在祠堂门前鸣锣击鼓，龙狮起舞，歌舞表演，老少同乐。至此，十年一届的"命字"仪式画上了圆满的句号。

周秦文献讲述远古的冠礼，繁文缛节，千头万绪，现代人看见都头痛。但是，到了岭南人手上就直接简化了，"临婚始冠"同婚礼合并一起办。它落地高要，还被高要风土化，成了同当地人民生活、生产、人生价值合拍的民间风俗。

广东男子成年的冠礼是"临婚始冠"，女子则是"临嫁而始笄"，就是远古中国女子成年出嫁的礼制。"笄"原指女子用的发簪，女子临嫁，把头发盘成发髻，用"笄"簪起来，就成人之妻了。岭南女性，受古代百越遗风的影响，在少数民族中另有一套成人礼仪。我们去看看瑶族的"舞火狗"。

2. 蓝田瑶族舞火狗

广东瑶族有关于狗同先祖关系的传说，他们对狗格外尊崇。惠州市龙门县蓝田瑶族乡本民族少女的成年礼，就是通过舞火狗来举行礼仪的。清《龙门县志》"风俗"记载："（龙门）十八堡地较广，有唐魏风，上建、高明、铁岗多土著，俗虽朴野，犹推淳古。"上建，是蓝田的古称；"土著"就是世居此地的瑶族。舞火狗是蓝田瑶族的朴野风俗，传承至今300多年的历史了。

每年农历八月十五日中秋之夜，瑶族小姑娘在家吃完团圆晚饭后，来到村中的地堂集中，由两位年长有"福分"的本族妇女给她们化妆。小姑娘头披黑布头巾、戴竹笠，竹笠沿边和顶部插上点燃的长香；下着瑶族用植物染料染的蓝布镶花边裤，随身一只内装稻谷的狗粮袋，手臂、腰部贴上黄姜叶，用山藤缠住，扮演"火狗"。这个扮相是有象征意义的，蓝田瑶族早期生活十分艰苦，他们住在山洞里，餐风宿露，缺衣少食，后来地方开发了才穿上好衣服、住上围屋。舞火狗前，老人用黄姜叶打扮姑娘，山藤缠腰，头戴竹笠就是要她们记住祖先在此地披荆斩棘，开辟草莱的艰苦历程，激励她们成年后要不怕困难，奋发有为。

蓝田瑶族集中住在围屋中。舞火狗开始，围长（男性村长）先到祠堂上供品拜祭先祖，告诉先祖本族的姑娘要行成年礼了。姑娘们由高至矮排列成队，领队的姑娘必须要连续舞过三年火狗。

队伍在祠堂叩拜先祖后，领头的姑娘带队，从祠堂走到地堂，边走边反复唱着"火狗仔，来了！来了！"等几首古老的民歌。围着地堂绕圈起舞，舞姿简朴但场面很热烈。然后姑娘们唱着歌，穿街过巷，转到各家的厨房，在灶膛前舞拜。蓝田瑶族凡建新屋，厨房里都要保留着三块石头或泥砖砌成的灶膛。姑娘们在那里起舞一番，寓意本族的火光

蓝田瑶族先民住过的山洞，现在是龙门
县文物保护单位

现在蓝田瑶族居住的围屋

老人帮小姑娘化妆成
"火狗"（黄克锋提
供照片）

火狗队绕地堂歌舞
（黄克锋提供照片）

长明不灭。

　　拜完灶膛，火狗队由领头带着游走到各家的菜园，一边歌唱一边舞拜。因为蓝田瑶族爱狗敬狗，狗死后要埋葬在自己的菜园，长伴家人，成为习俗。火狗队在菜园虔诚舞拜，表达对狗的感恩和敬重，同时也祈求各家辛苦栽培的蔬菜长得茂盛。最后，邻近各村的火狗队汇集一起，连成一条长龙，蜿蜒游舞到村外的河边。这时，姑娘们将身上捆扎的黄姜叶、竹笠和香火统统扔到河里，再用河水濯洗手脚，象征沐浴全身，祛除邪气，并互相泼水嬉戏。

河边对歌（黄克锋提供照片）

解下身上的黄姜叶、竹笠和香火，送到河里冲走（黄克锋提供照片）

在舞火狗的整个活动中，男青年一直在旁燃放鞭炮助威。行至河边后，守候在两岸，等待舞火狗的姑娘洗罢手脚上岸后，就选择意中人对歌，直到天亮。

蓝田瑶族传统规定，每个少女必须连续参加三次舞火狗，才能进入成年人的行列，谈婚论嫁。每个少女到了一定的年龄都会自觉参加本民族的成人礼舞火狗。舞火狗的动作很简单，只是正步走、垫步走、双手持香作揖、躬身叩拜、走圆场等动作；舞火狗只有三首祖传的民歌，呼唤火狗到来的歌词很简单且往复循环，三首民歌都是无乐器伴奏的清唱，边游走、边唱歌、边起舞。舞火狗朴实无华，成年礼没有繁文缛节，但仪式庄严郑重，蕴含着蓝田瑶族的精神企盼、纯朴情感、人生追求。

（三）婚俗

　　成年之后，迈向人生幸福的第一步，就是谈婚论嫁，成家立室。新中国，年轻人自由恋爱，婚姻自由，传统的"三书六礼"早被新式婚礼取代。我们已经很难在现代化社会中找到婚礼的绝对传统版，但是在岭南一些特殊群体的婚俗中，仍可看到远古岭南婚俗和中原传统婚礼浸润的痕迹。

　　疍民，我在前文已经介绍过这个历史悠久的岭南水居族群。"广为水国，人多以舟楫为食"，远古珠江三角洲还未成陆，出门见海，绝大多数民众浮家泛宅。他们的婚俗是怎样的？我们只能从考古资料中窥探到一些蛛丝马迹。我们再回到珠海市斗门区以南濒海的高栏岛看看宝镜湾的石刻岩画，可以揣摩到大约4000年前这一带水居先民的婚俗痕迹。岩画人物围着一艘海船似乎在欢腾雀跃，其中一组人物是手舞足蹈的露"根"的男人和半躺着的佩戴饰物的女人。

　　这组岩画表现出男女交媾前那种愉悦心情和企盼神态，这可能是最早的水居民族的婚俗写真。当时婚俗的首要追求，是性的满足和自身的

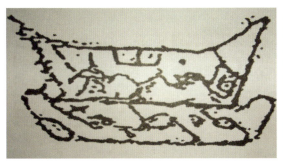

珠海高栏岛宝镜湾岩画中的海船

手舞足蹈的露"根"的男人和半躺着的佩戴饰物的女人［岩画照片采自肖一亭《珠海宝镜湾藏宝洞石刻岩画的年代》，刊《岭南考古研究（2）》，岭南美术出版社2003年版］

繁衍。我认为在远古乃至明代以前，这可能仍是百越水居群体的婚俗，这种不需要礼制文饰遮盖的、直接以性为取向的"野蛮"婚俗在岭南存续了很长时间。

明代以来，珠江三角洲开发进程中，较早成陆的沙田升科为民田，率先从海洋走向陆地的人群上升为国家的"编户齐民"，他们聚成宗族，向正统文明趋齐，把自己同仍然浮泛在沙田区海面的疍民区别开来。但是，我们从历史的总趋势看，这条区别的鸿沟在逐渐弥合。民田区庞大的宗族势力主导沙田开发，当他们在初露的浮沙上招聚劳力的时候，能够一呼即至、蜂屯蚁聚的唯有疍民，水陆两大群体展开再度接触的场景，作为社会边缘阶层的疍民，在经济大潮的裹挟之下，也向上位的文明趋齐，耳濡目染，最先发生变化的就是他们的风俗。婚俗，是人生大事，高度浓缩了很多民俗事象。

明代，疍民婚俗已有了变化，屈大均《广东新语》中有稍为细致的记述："诸蛋以艇为家，是曰'蛋家'。其有男未聘，则置盆草于梢；女未受聘，则置盆花于梢，以致媒妁。婚时以蛮歌相迎，男歌胜则夺女过舟。"这种婚俗场景同宝镜湾岩画水居群体的表现已不可同日而语了，在"蛮""夺"的基调上多了一层以花草示意和"媒妁""歌唱"的文饰。当时的疍民婚俗还没有正统文明那套庄严典雅的程式和繁文缛节。但是，在明清两代的珠江三角洲沙田区，疍民婚俗正在悄然演变。让我们摇着疍家船去珠海的沙田区，看看斗门疍民的"水上婚嫁"。

1. 珠海斗门水上婚嫁

珠海濒临南海，沿海有一望无际的自然浮露的沙田，斗门是珠海最大的沙田区，世居此地的先民和后来从外地迁入参与早期沙田开发的人群是疍民。明清以来，斗门疍民参与沙田开发，在沙坦和海湾上开发出良田沃土，原先浮家泛宅的疍民在沙田区安顿下来，带动了沿海地区经济发展，连孤悬海上的三灶岛也出现兴旺的景象。同治《香山县志》载："（斗门）三灶山，在县西二百里海中，林木葱翠……有田三百余亩，皆极膏腴。……今俗安耕凿，士乐诗书，弦诵之声蔚然而起。"依堤傍水而居的疍家人，吃喝玩乐和婚嫁丧葬也渐染新风，尤以水上婚嫁风俗最具特色。

斗门水上婚嫁风俗历经几百年的酝酿，定格于沙田开发成果最丰硕的清代，遍布在斗门的水乡，并沿着水网传播，影响到香山、新会、顺德等周边地区的水乡，形成别有地域风情的婚嫁风俗，现在是国家级非物质文化遗产保护项目。

主要有12道程式。

①夹年生。男子到了及婚年龄，家长请媒人代为物色对象。有了合适对象后，委托媒人上门议亲，双方家长用两人的生辰八字进行对照，看五行是否和合、有无"冲犯"。若夹合适当，就定下亲事，称"夹年生"。

②拿茶叶。夹年生合适后，男方派代表（多为男方的阿婶或阿嫂）与媒人一起，带备茶叶、糖果、礼饼、芝麻、槟榔、绿豆、酒肉等到女家定亲，如女方家长同意，会开出礼单，提请男方筹备，俗称"拿茶叶"，即订婚程式。

③择日。男家为迎娶新娘择定日期。一般择两个日子，如果定了日子后的头三天没有发生不吉利的事，就用第一个日期，否则用第二个日期。

④使日。女方家长同意所定的日子，称为"使日"。使日后，双方开始准备婚礼的一系列事宜。

⑤起厨。旧时疍民以船为家，陆上没有大家大宅，在举行婚礼的前两天，男女双方家庭各自在家门前或旁边空地搭一个竹棚，架起炉灶，用于备办婚宴和婚嫁有关的事宜，此称"起厨"。

⑥坐高堂。又称"坐夜"。婚礼前一晚，男家的亲戚朋友都环坐于厅堂，堂上摆列太公（祖先）的神位，地上铺上草席，新郎仿效船中的坐姿在正中席地而坐，两边红烛高照，会友（伴郎）分坐左右。点烛当夜，新郎家在搭起的竹棚中央挂起"大字"，表示新郎已经长大成

花枝米箩

人，可以成家立室。亲戚和会友们在新郎家围坐一堂，唱起沙田区疍民古老的咸水歌，以歌唱的形式来祝贺新郎，烛光不灭，歌声不止，尽显粤人善歌的风情。这种热闹的场面叫"坐高堂"，所唱之歌也叫"高堂歌"。高堂上还要摆设很重要的婚仪物品——花枝米箩：用红纸包裹起来的竹箩，中间插带绿叶的橘树枝或龙眼树枝，挂上红包利市，箩里装着白米、尺子、秤杆、镜子、算盘等物。

⑦上头。坐高堂到鸡鸣时分两支红烛燃尽，男家又在太公神位前点燃一对大红烛，请好命的梳头公来为新郎梳头。梳头时新郎坐在席子

梳头公给新郎"上头"
（赵海威提供照片）

188

上，梳头公手持梳子，一面从上至下顺势而梳，一面大声诵读吉利的祝词："一梳梳到尾；二梳梳到白发齐眉；三梳梳到儿孙满地。"梳诵完毕，即端来三碗甜汤圆，两碗孝敬梳头公，另一碗由新郎自吃两三只后敬奉太公神位，寓意新郎夫妻和睦，财丁兴旺，姻缘圆满，生活甜蜜。上头过程中，斗门疍民还举行隆重的"命字"礼仪，给新郎命名一个"大号"，用"字架"镶嵌起来，郑重其事地悬挂在墙壁上。

⑧嫁仪。姑娘出嫁前一天，女家邀请8—10名和女儿亲密无间的闺蜜作伴娘，陪伴女儿度过出嫁前的美好时光。晚饭后，便开始"叹情"的仪式，伴娘们聚集在女家，点燃两支红蜡烛开始唱晚歌，要用沙田民歌"叹家姐"的原始调子吟唱，她们从祖宗的太公太婆到在世的父母都"叹"遍，唱情歌、唱别歌、唱送嫁歌，此时此刻是伴娘们与临嫁女最后相聚的夜晚，她们之间难分难舍。她们借着这宝贵的时光，把纯真感情和千言万语的叮咛、嘱咐、慰藉、忠告都化成别有意味的歌词，引吭高歌尽情倾诉，甚至感极而泪下，直至深夜。

⑨迎亲。男家备好迎娶新娘的船只，打起"某府迎亲"的大红灯笼和红旗，并载上四只椰子、一对公鸡、一对鸭子、两块猪肉、一些谷米

迎亲的人手提一对鸡鸭

和一把扎上红绳柏叶的雨伞等迎亲礼物。新郎不随船去迎亲，只派四个会友（伴郎）、一个司香婆（司理香灯的婆子）、一个手抓大葵扇的"大妗姐"和两个家嫂。会友带上一式两份的迎亲帖。

女家早起，到吉时请好命的"梳头婆"为女儿"上头"梳髻。新娘穿好嫁裙，戴上耳环、银链，跪拜父母，感谢父母多年的养育之恩。然后新娘吃出嫁饭，只是象征性扒几口，余下的留给父母，寓意娘家丰衣足食。做完这些之后，在家中等候男方迎亲船到来。

迎亲船一路锣鼓爆竹齐鸣，中途不停留直驶向新娘家。驶至新娘家门口，不能直接泊岸，必须驶过新娘家门口以后再调转船头，待女家敲锣打鼓时，方可泊岸。泊岸后，大妗姐走在前头，两个会友持着迎亲灯笼来到女家，向新娘父亲呈上一式两份的迎亲帖和礼金、礼物，清点交接，新娘父亲郑重地在迎亲帖上签上"领谢"二字和姓名。按俗例，一定要把这些迎亲手续办理完毕，新娘才可以放行出嫁。

⑩度水板。男家的接亲船泊岸后，男家人放好一条跳板，女家人也放上一条跳板，男家的跳板一定要比女家的跳板稍长。新娘围着一条七尺长的红布条，手捧一碗米走到家门口，一出家门就把米交回弟弟捧回

水上婚嫁的迎亲船，新娘和一手打伞一手摇大葵扇的大妗姐

家倒进米缸，寓意弟弟丰衣足食。然后新娘手持一面镜子和一把扇贴在胸口，由嫂子背起，大妗姐撑伞，在伴娘们簇拥下，走向埗头，走三步退两步，一步三回头，依依不舍，向迎亲船走去。先踏一下女家放上去的跳板，然后放下新娘，再由男家来迎亲的阿嫂引领，从男家带来的跳板上走入迎亲船，嫁妆也随即搬上船。这个过程叫"度水板"。从新娘走出门口开始，众多的金兰姐妹唱起一首又一首的送别歌，舍不得从小一起长大的知心姐妹嫁人。在船上，新娘要进行"松栊"——打开装嫁妆的木箱，从亲友送的布料中拿出一块交回给弟弟或妹妹，寓意有来有回。接着，新娘嫂子给新娘奉上鸡蛋甜茶，第一杯敬太公，第二杯敬龙王，第三杯新娘自喝。然后，女家嫂子又给新娘"松头"，即开船前再次为新娘梳妆打扮，寓意美丽娇艳。伴娘们则送到埗头止步，又齐聚在岸上，唱起咸水歌向新娘告别，歌词内容表达了依依不舍的姐妹情谊，祝愿新娘今后幸福美满。

迎亲船泊了岸，大妗姐引领新娘向新郎家走去，大妗姐边走边往地上撒米。新娘走到夫家门口，跨过火盆，在新郎的迎接下进夫家，换上一条新的围裙，穿上新鞋出来拜堂。先拜土地，再拜祖宗，然后拜父

过火盆（赵海威提供照片）

母。接着向新郎的长辈敬"过堂茶"，长辈们故意不接新娘递过来的甜茶，要新娘唱歌，一唱就是十首八首，直到满意了才饮下这杯茶，这叫做"扭歌仔"。喝过过堂茶的长辈，以利市或首饰回礼。

⑪闹洞房。晚宴后，斗门疍民仿效民田区闹洞房，大家仍以沙田区疍民传统的歌曲酬答。亲友按辈分坐好，由新娘逐一敬茶。受敬者提出条件让新娘唱歌，新娘能唱即唱。敬完亲戚茶，新娘的伴娘姐妹与新郎的会友对唱。闹洞房在高歌中结束。

⑫回门。婚后第三天，新婚夫妇带上礼物回娘家。礼物中要有两支鲜绿的头尾完整的甘蔗，寓意"有头有尾"。回娘家时要有阳光，归来时也要有阳光，寓意"有日去，有日返"。娘家送给"回门"女儿一窝雏鸡，同样捎回两支甘蔗，祝愿女儿女婿子孙兴旺发达，白头到老，甜甜蜜蜜。

至此全部婚礼程式完成，一对新人开始享受幸福的婚姻生活。

斗门疍民水上婚嫁，全然荡尽了历史文献上所说的"蛮风"，显得庄严典雅。它其实由三部分文化元素构成。

①中国传统婚嫁的"六礼"。

"六礼"，亦即从议婚到完婚过程六种礼节，在周秦时期就已立为礼制，此后历代完善和立例推行，形成了纳彩、问名、纳吉、纳征、请期、亲迎六个步骤。明中叶以降，岭南风俗"丕变"，中原传统婚俗的浸润，使岭南婚俗也变得彬彬有礼，细看斗门水上婚嫁的程式，是仿效"六礼"，但名称有些小异，程式大大简化，且混杂了岭南地方特色，例如迎亲礼物中成对的鸡鸭，这其实是远古中原婚仪的遗风。周代《仪礼·士昏礼》中远古中原的婚仪，在纳吉、请期等环节有"用雁""执雁""奠雁"的风俗。岭南地方雁不易得，灵活变通改用鸡鸭了，这在广东地方志中多有记录。

②百越民族和疍民遗风。

屈大均《广东新语》云："粤俗好歌，凡有吉庆，必唱歌以为欢乐。……其娶妇而亲迎者，婿必多求数人，与己年貌相若而才思敏给者，使为'伴郎'，女家索拦门诗歌，婿或捉笔为之，或使伴郎代草，或文或不文，总以信口而成，才华斐美者为贵。至女家不能酬和，女乃出阁，此即唐人催妆之作也。先一夕，男女家行醮，亲友与席者或皆歌唱，名曰'坐歌堂'。……蛋人亦喜唱歌，婚夕两舟相合，男歌胜则牵女衣过舟也。"屈大均所说的"粤俗好歌"在斗门水上婚嫁中被演绎得淋漓尽致，整个婚仪过程都伴以歌唱，此中除有唐人"催妆"痕迹，还有百越先民（包括疍民）善歌的遗风，"叹情"（叹家姐）更是古越"哭嫁"的远古婚俗。以船代花轿，"度水板"、荡桨、撑篙、席子等"道具"，不用说都是疍民婚礼的仪仗。至于斗门水上婚嫁礼仪的必用物品"花枝米箩"，上面插的橘树或龙眼树，里面装的白米、尺子、秤杆、镜子、算盘等物，都是中国古代农家传统家常之物，暗喻沙田地区疍民社会身份的改变和提升，婚礼之家已非无恒产的浮家泛宅流荡之民，而是在大沙田扎下根基的农耕大众。

③明清广府文化。

明清时期广州府统辖的十多个县，是珠江三角洲经济文化最发达之区，在风俗上起着掌领潮流的作用。珠海原属广府的香山（中山），珠海疍民在婚俗上也受到广府婚俗的浸润。例如斗门水上婚嫁出现的大妗姐，本来是广府地区民间婚礼必不可少的角色，其先源可追溯到宋代，孟元老《东京梦华录》已有女眷充当婚仪"导演"的若干痕迹。这种婚俗已不存于中原久矣，但在广府却沿承至今，大妗姐也成了珠海疍民必不可少的婚仪"导演"角色。另外，斗门水上婚嫁的一些细节，例如"过火盆"，其实也是广府婚俗在水乡的变种。至于新郎"加冠命字"则是完全承接了沿西江传播而来的民田区风俗。疍民没有祠堂，他们就在婚礼临时搭的棚屋或家中"坐高堂"，在太公的神牌面前点起高烛，举行"上头"和"命字"。他们大多无宗族背景，排辈分的"字"是根据家族传说或直接借取民田区宗族排辈的"字"。现在这种风习还牢牢地扎根在珠海沙田区的疍民家庭。我在斗门还看到疍民家庭"上字架"和卖"字架"的商店。

斗门"上字架"（赵海威提供照片）

斗门商店卖的"字架"（赵海威提供照片）

斗门疍民婚俗融汇了百越先民、疍民、广府以及转手而来的中原文明，有助于改良疍民群体的整体风俗，融入大沙田社会。斗门疍民聚落多在明清两代崛起成镇，例如南水镇原先就是疍民上落的"南水埠"，后来发展成为影响远及东西两粤的沿海工商业市镇。疍民移风易俗，加快了"从海洋走向陆地"的步伐，其间作用不可低估。

（四）丧葬习俗

死亡，人生走到最后一站，家族悲痛，丧葬定然庄重，但岭南人会用一些特殊的礼仪纾解哀伤，尤其是以比较欢愉的方式告别高寿离去的老人，甚至鸣钟击鼓，歌唱吟咏，这就是岭南人熟知的"喜丧"。古代常见一些发自"正统"的言论，抨击岭南人"钟鼓不分哀乐事"，看来他们不理解岭南人对生活的热爱和对死亡的豁达，去看看梅州的"香花祭仪"，就会明白了。

1. 香花祭仪

香花祭仪又叫"香花佛事"，这是盛行于广东省国家级客家文化生态保护实验区梅州市的丧葬习俗。这种习风发轫于明中叶，粤东社会经济发展，梅州民间也讲究起丧葬礼仪，请僧人诵经拜忏，为亡人做超度祭仪——岭南民间叫"做斋"。在乡间为民间丧葬做斋的"觋公""神婆"也引进一些佛道的仪轨，披上袈裟招徕生意，专门从事祭仪职业。从事这些职业的"僧尼"宅居结婚娶妻生子，被视为"火宅僧"；他们活跃于乡村，又被视为乡间的"花和尚"，尊称起来就是"香（乡）花和尚"。一些寺庙僧人也走入民间社会，同"香花僧"合流。两者相互渗透，形成整套的丧葬礼仪就叫"香花祭仪"或"香花佛事"。清《长乐县志》载："今沙门专褝火宅为僧，玷辱山门，秽乱香界，可胜数哉！"可见当时盛况已不可抑制。香花祭仪最大特点是随乡入俗，接民间地气。清代长乐县（梅州市五华县）：丧礼用鼓乐，做佛事，县城则请僧念经，乡间则多用香花和尚，杂以嬉戏。这种别具"嬉戏"特色的祭仪，既有超度亡灵的意念，也有演绎民间文化，抚平哀痛，愉悦人群的作用，故又称"做白喜事"，成为普泛民间的风俗。

香花祭仪经过几百年的积淀，形成了一整套丧葬礼仪，内容极其庞博，如果整套演绎，要几天几夜才能完成。现在仍保存的香花祭仪的文学文本有五六万字，其中客家山歌歌词近30篇，每篇有十多首至数十首；除了歌词之外，有十多首客家劝世文，数十段韵白，还有对联、诗词、歌词、韵诵、道白等口头吟诵。内容有为人处事的劝世良言、客家人热衷的生产生活艺能、待人接物、社会和历史文化知识，包罗万象，堪称一部小百科；文笔洗练，语言生动，吟唱和道白还兼用客家特有的方言俚语，出口珠玑，妙趣横生。听者动容，时而静穆恭听，时而忍俊不禁。

香花祭仪有乐曲50多首，来源于丛林禅乐、道教古乐、客家山歌、客家小调、竹板歌等。歌唱法也有别于时下的民间唱法，演唱方式有独唱、伴唱、重唱、清唱，还有夹吟夹唱的特色，伴奏有8种打击乐器。这些乐曲和客家山歌保留了很古朴的风格，听起来韵味隽永深长。

演唱

香花舞蹈有8套。其中技巧性最强的是"铙钹花"，虽说它属于民间杂耍，但难度极高。香花和尚集武术、杂技于一身，手执一对两斤重的铜制大钹，配合打锣击鼓的节奏表演，自由发挥高超技巧，手中的钹左右开弓，随鼓点上下翻飞，快速旋转，以钹生"花"，锵然有声。有"洗钹""猛虎跳墙""乌鸦展翅""罗汉翻身""黄龙缠身""关公脱靴"等花式套路，全套表演要一个多小时。其中最惊险的是"高空飞钹"，舞者将铜钹凌空抛高一二十米，然后用手指或竹竿接住快速旋转下落的飞钹，常会引起全场阵阵惊呼和喝彩，欢愉的表演缓解了丧葬祭事中的悲戚气氛。铙钹花原有108套，现仅存30余套，成为广东省非物质文化遗产保护项目。

另有一种祭祀性的舞蹈是"席狮舞"。香花和尚模仿当地客家人"打狮"的习俗，身披一张民间日常使用的草席装扮成狮子，另一个人一手执长命草做"青"引狮子，一手持大葵扇逗引狮子。席狮舞有"引狮""出

铙钹花的"高空飞钹"（李海燕提供照片）

特技铙钹花（李海燕提供照片）

席狮舞的"引狮"（李海燕提供照片）

席狮舞的"抢青"（李海燕提供照片）

狮""舞狮""偷青""抢青""逗狮""入狮"等程式和套路；席狮时而伸头缩颈、蹲伏躺卧，时而跳步退步。席狮造型简朴，美态威仪不如岭南醒狮，但惟妙惟肖神似狮子；伴奏用堂鼓、小锣、小钹等佛门禅堂乐器，配合席狮舞，象征驱凶辟邪，迎祥降瑞，使丧事家人既寄托哀思，又在悲痛中得到精神慰藉。

舞蹈还有"烛光花""禅杖花""铜锣花""双龙吐珠""鲫鱼穿花"等系列。其中最有仪式感的是"莲池舞"。莲池舞又叫"打莲池"，由专门从事香花祭仪的"斋嬷"（香花女尼）表演，三至二十人，分执打击乐器或禅杖等法器，围绕纸扎的八角莲池且歌且舞，演示"目莲救母"的民间故事：传说目莲为佛门弟子，为救母出地狱，持法力无边的宝杖，打破地狱，救母出难。表演者先执起禅堂乐器或高烛，吟唱"安池""告佛"等佛曲，然后改执池杖、珠杯等法器道具，唱"劝善""探阴""破狱"之曲，跳"执杖摇杯""池杖绕背""杖凿狱门"等舞。乐曲哀婉，舞步沉稳，营造出一片除恶劝善、崇仰孝道、敬礼先人的教化氛围。

香花祭仪吸取客家人自中原传承而来的传统文化和岭南地域文化，

莲池舞的"破狱"（李海燕提供照片）

除保存一些远古佛道科仪外，还承载了大量客家文学、曲艺、音乐、舞蹈、韵白、杂技等珍贵非物质文化遗产。香花祭仪习俗除了分布在粤东客家地区，还随着客家人的足迹，远播中国港澳台地区，东南亚、印度洋及南非诸国。

香花祭仪表面上是超度亡灵的习俗，实质上是通过对客家传统文化的演示和宣泄，向居丧人家传达人文关怀，达到心理疏导、激励向前的目的。一场香花祭仪聚集起居丧人家和周围的民众，具有抚慰心灵、传授人生礼仪、教化社会美德、传承优秀文化、化解邻里心结、娱乐和团结亲邻大众等多方面的社会功能。现代"香花祭仪"配合国家殡葬改革，正探索传承发展的新路。

五、公共生活习俗和
技艺行业习俗

（一）公共生活习俗

大家记得，前文讲过远古岭南的食俗，回溯历代笔记，总少不了关于岭南"不文"食俗的描述。明清以来，珠江三角洲经济社会发展，首先荡尽"蛮风"，饮食文化与时俱进，《中华全国风俗志》说"粤人自奉甚厚"，就是说此时的粤人在生活上从不亏待自己。先决条件必须是"吃得起"，位于珠江三角洲最肥美心腹地带的广州府辖下十多个县，农工商产业兴盛，食材丰富，荷包有钱，更吸收了中外饮食文化精华，自成体系，世上便有"食在广州"的美誉，最脍炙人口的就是粤菜之一的广府菜系；还有一个广东人不可或缺的公共饮食空间——广府饮茶。"三茶两饭"——早茶、下午茶、夜茶、午饭和晚饭成了老广生活习俗；"有钱上茶楼"成了老广的一句口头禅。

1. 广府饮茶

广府的茶楼不同于北方纯粹品茶的茶馆，它是"一盅两件"（名茶加美点）的大众聚合消费空间。传统的广府茶楼建筑极具岭南风格，园林式的茶楼讲究同周边环境组合，例如旧时北园就借景老广州城"廓外"的田园风光，茶客可以看到"青山廓外斜"；泮溪就借景泮塘，水榭回廊，湖光映带；现代城内高层的茶楼也装饰华美，满洲花窗、酸枝台椅，清雅宜人；西式装修的茶楼，也令人赏心悦目，十分舒适。

茶楼内展示名人书画、诗词楹联、盆景、插花，还引进粤曲、广东音乐、说书讲古等娱乐项目。茶客饮茶的时候，还有精神文化的享受，这就是广府茶楼的特色。广府茶楼老字号历史文化积淀深厚，毛泽东、孙中山、康有为、鲁迅、郭沫若等历史名人都上过广州的茶楼，毛泽东还留下了"饮茶粤海未能忘"的名句。广州老字号陶陶居的鹤顶格对联："陶潜善饮，易牙善烹，恰相逢作座中君子；陶侃惜分，夏禹惜寸，最可惜是杯里光阴。"老惠如楼对联的上联："惠己惠人素持公

园林式茶楼

西式装修的茶楼

道"，下联遗失，在全国征对下联，甄选出最工对的下联："如亲如故长暖客情"。各个茶楼都有脍炙人口的故事，例如康有为在广州万木草堂讲学，为常去饮茶的茶楼题了"陶陶居"的匾额；指挥淞沪抗战的十九路军军长蔡廷锴为广州酒家题字"饮和食德"；毛泽东和柳亚子饮茶粤海题诗；郭沫若题诗："北园饮早茶，仿佛如在家。瞬息出国门，归来再饮茶。"这些都是广州茶楼的"文化资产"。

康有为"陶陶居"题匾

广东人上茶楼通常说法就是"叹茶"。广州话"叹茶"的"叹"，是享受、舒心的意思。既可"一盅两件"自得其乐，又可社交"斟盘"，家人朋友"倾计"，家计、生意、事业、姻缘、信息……都可以在飘逸的茶烟和美点的香气中"倾掂"。以"叹"来开启美好的一天，尽显广府人的从容淡定。而在茶市之中，消费量最大的就是各式点心了。

广东物产丰富，兼得平原山海之利，食材多而精，一应俱全；得开放风气之先，东西南北交通，古今中外融汇。饮茶的广式点心在世界上独树一帜，除了用来自各地的面粉、米粉和各类淀粉为基本原料外，还包容各种食材为馅心，味道有咸甜、材料有荤素，还引入西式点心技艺，通过蒸、煎、炸、灼、烘、炖、煲等烹饪手法，融合色、香、味、形、器，让正餐以外的茶点，营造出饮茶丰美的仪式感。已故的点心大师陈勋在世时点出了广式点心精髓的"十六字令"："洋为中用，古为今用，中西并举，南北结合。"这造就了丰富多元的点心制作技艺，为全国之最，可推上饮茶席上的广式茶点过千种，任君选择。1977年，"点心状元"罗坤接待来饮茶的日本访问团，应对方要求一个月内制作超1000款点心，每天不重样，对方连续吃了七天后就心服口服。点心除了品种多，粤人还食不厌精，提升点心的档次。1983年，日本银座饮食集团（亚寿多）来广州交流，要求品尝"尖端品种"的点心，陈勋定制出不同以往的点心菜单，包含"鱼游春水""鹊渡金桥""龙吐玉珠"等八款咸点和"万寿仙桃""波罗浴日"等四款甜点，获得日本同行的一致赞誉。

陈勋大师总结出来的广式点心"四大天王"：虾饺、叉烧包、干蒸烧卖、蛋挞。这是涵括了古今中外、东南西北饮食文化的合璧作品，是广府饮茶大众最喜点食的"爆款"，同时也是各大茶楼卖招牌和最考点心师傅功力的"代表作"。

茶点中的"四大天王"：虾饺、叉烧包、干蒸烧卖、蛋挞

广府饮茶还形成了一整套风俗和礼仪，现在茶楼的"问茶位""点茶""点嘢食""企堂""卖大包""等位""睇数""埋单"等行话，还有揭盖续水、扣茶礼、抢埋单等礼俗，

广府饮茶中的扣茶礼

都脱胎于广府饮茶习俗。这些习俗和礼仪为广府茶楼的公共消费空间平添许多细节上的精彩。

清末民初，伴随着广府人对外开拓的足迹，广府饮茶风俗已经越过长江、黄河，传播到上海和江浙，远及京津，并扩散到东南亚及欧美各国。现代广式茶楼已遍及全国很多城市，"睇数""埋单"等饮茶行话也在全国不胫而走，成了日常用语。广府饮茶习俗覆盖至全球110多个国家。英语单词"yumcha"是粤语"饮茶"的音译；广式茶点深受外国人喜爱，英文单词"dimsum"也是来源于粤语中的"点心"。广府饮茶是广东省非物质文化遗产，成为饮食场景最集中，公众参与度最高，影响最广泛的公共生活民俗事象。

（二）技艺行业习俗

古代中国三百六十行，几乎行行都有自己的技艺或行业神灵。明清以来岭南各经济部门开发，艺术技术、工匠精神渐趋全国前列，各行各业也有了自己的神灵，形成了相关的行业习俗。这些神灵，有些是岭南从远古中国的传统技艺或行业神灵中移植过来的，有些是岭南本土的。新中国成立后，经济高速发展，各经济部门现代化，各行业的业态巨变，很多行业神灵和相关习俗消失了，也有些作为各级非物质文化遗产保护项目传承下来。

1. 粤剧八和祖师诞

粤剧是广府地区影响最大、流传最广的戏剧，但凡粤语方言区及有粤籍华侨聚居的世界各地，均有粤剧团体。广州的"老西关"（今荔湾区）是粤曲、粤剧孕育、发祥和发展的圣地之一，聚集了很多粤剧、粤曲的从业人员、大老倌、爱好者。清光绪初年，一些有威望的粤剧戏行首领倡议成立粤剧界的同业公会——八和会馆。历经数年筹备，集资购地，光绪十五年（1889）八和会馆建成。八和会馆建成之后，粤剧从业人员、来自各地的大老倌、名伶都认此为"家"，自称是"八和弟子"；有些粤剧粤曲爱好者也把自己置身于"八和弟子"之列。会馆内供奉一尊大型的金身神像，这就是粤剧的行业神灵——华光。

华光，是岭南民间常见的神灵，民间私底下的封号是"五显灵官华光大帝"，其渊源已难于考究。传说华光为治火之神，早期的粤剧戏班

八和会馆

八和会馆供奉的华光
大帝（广州市荔湾区
文化馆提供照片）

是"游河班"，靠木制的"红船"穿行于广府河网地带，生活起居都在
红船上，有时还在红船上演出。戏班应各地祀神"赛会"的聘请，在乡
间只能临时用竹木搭个戏棚，打起煤油气灯演出。红船和戏棚容易引起
火灾，伤及大众，因此，粤剧戏行前辈对华光极为虔敬，希望通过祭拜
华光，求得火神庇佑，逢凶化吉，消灾避祸，故祭拜华光渐成习俗。粤
剧行业还把华光奉为"师傅""祖师"，后生入门拜师学艺，首先要郑

重举行"拜华光师傅"的仪式，尊崇华光这个"职业保护神"，发愿学艺精进，发奋自强，不中途退转。

岭南华光信俗最隆重的祭典，就是粤剧八和祖师诞，又称华光诞。每年农历九月二十八日华光祖师诞辰之日，八和弟子便汇聚于八和会馆，祭拜供奉在馆内的华光祖师。

华光祖师诞当日上午，先在会馆门前进行醒狮汇演。9时整，粤剧戏班乐队奏起粤剧的经典老曲"封相锣鼓"，主祭人宣布祭拜活动开始。八和弟子与粤剧粤曲爱好者集体在华光神像前上香，摆上应时鲜花、水果、烧肉等祭品并顶礼膜拜，祈求粤剧业界兴旺、艺坛鼎盛、如意吉祥；随后八和会馆馆长或有威望的粤剧界老前辈即席致辞，勉励八和子弟团结奋进。近年，广东粤剧銮舆堂还组织同业人员请出华光神像，按照传统在八和会馆附近的街道举行华光祖师宝诞巡游。

祭拜结束，会馆"大佬馆"带头把捐赠的善款投进华光神座前的如意箱，其他八和弟子也投钱入箱，都是自愿捐献，随缘乐助；这些善款用于每年八和会馆华光祖师庆诞活动，还用来资助困难和年老体弱的八和弟子。

随后，八和弟子在小舞台前唱粤曲或表演粤剧。来贺诞的人除了广州市的八和弟子之外，还有珠江三角洲附近市、县的八和弟子，香港、澳门的八和弟子也相约来广州参加八和祖师诞祭祀活动；每年参与活动人数少则五六百人，多则七八百人。当天八和会馆招待八和弟子宴饮，筵开五六十席。八和会馆地方狭小，只能用小桌摆宴，充分利用空间，只要能放上一小桌就放一小桌，小桌从八和会馆一楼摆上天台，馆外门口大街也摆上十几二十桌，客人送走一批又迎来一批，小桌也轮番使用。八和子弟围着小桌，交流从艺心得，嘘寒问暖，有如一家团聚。祭款丰足的时候，八和会馆还给每个来祭拜的八和弟子分一份拜祭过华光大帝的烧猪"福肉"，带回家分享。香港、澳门地区和南洋的粤剧界，每逢有新戏开锣，一定要先用烧猪拜祭华光大帝，然后分"福肉"，这习俗也是受内地华光信俗的影响。

八和弟子参拜华光大帝（广州市荔湾区文化馆提供照片）

华光祖师宝诞巡游（广州市荔湾区文化馆提供照片）

八和弟子捐献善款

广州八和会馆成立，粤剧八和祖师诞的定期集中祭拜活动自此始。

广东各地的华光庙、五显庙（祀"五显灵官华光大帝"），每年农历九月廿八日也号召粤剧艺人和粤剧爱好者汇合贺诞。

中国港澳地区和新加坡、马来西亚、美国三藩市、美国纽约、新西兰、澳大利亚等地也相继建立八和会馆，八和弟子遍布全球，他们尊崇"华光师傅"和进行庆贺祖师诞的祭祀活动，一如广州；每年华光诞还轮流到广州八和会馆祖堂朝拜祖师。诚如八和会馆大门对联所说："八音八表高奏升平调，和乐和衷同讴盛世歌"，八和会馆祖师诞增强了世界各地粤剧行业和粤剧爱好者的凝聚力，和衷共济，致力维护好粤剧这一珍贵的世界人类文化遗产；华光师傅作为粤剧艺人的职业保护神，激励粤剧艺术家自强不息，高歌粤剧艺坛鼎盛。

2. 端州伍丁诞

"端州石工巧如神，踏天磨刀割紫云。"这是唐代诗人李贺吟咏端州墨砚的"石砚歌"名句。肇庆古称端州，西江羚羊峡端溪山区出产端石，制成的端砚是天下四大名砚之一，唐代已是贡品。端州也涌现大批刻苦耐劳的石工和技艺精湛的砚师。

古代端州的砚石都深藏在几个山洞中，石工长年累月野居深山，餐风宿露，要脱光衣服，裸体才能钻进冰冷的石缝中去，靠一盏小油灯照明，识别珍贵的砚石，用手锤铁凿一块块剥下来，运到砚师的手上。砚师要精准判断砚石的材质，对砚材审形度势设计图案，雕工要尽善尽美，终其一生也只能创作出几件精湛的代表作。端州石工和砚工共同信仰的是他们的行业神灵——伍丁。"伍丁"原是"五丁"，是远古中国神话传说中五位劈石开山的大力士，是力量和智慧的象征，是凿石开山行业的鼻祖，也是端州石工和砚师的精神柱石。

端州石工和砚师的伍丁信俗历史悠久，肇庆遗存宋元时代的摩崖石刻已有吟咏伍丁的诗句。肇庆市端州区民间的五丁信俗在历史传承过程中，"五丁"演变为"伍丁"，五个力士也变成了一个大神。端州区黄岗镇的宾日、白石等村自古就是出石工和砚师的专业村，这里聚集了两百多间制砚工场及售石、售砚的商铺，其数量居全国之首。宾日村建有伍丁祠，白石村建有伍丁亭，是行内长老商议行业事务，石工和砚师日常联络感情、交流经验的中心；每逢伍丁诞期，伍丁祠和伍丁亭还是后

端州宾日村伍丁祠（端州区文化馆提供照片）

明代端砚石雕的两块伍丁神牌（端州区文
化馆提供照片）

生举行拜师学艺入行仪式的圣
地。端州伍丁信俗不设伍丁神
像，也没有伍丁神庙，只是在
伍丁祠和伍丁亭供奉"敕封太
子太保伍丁先师神位""敕封
工部尚书伍丁先师之神位"两
块端砚石雕，据考证，这两方
石雕是明代制品。伍丁奉祀方
式朴实无华，同端州石工砚师
的艰苦劳作适相匹配。

端州伍丁诞每年农历四月初八在宾日、白石两村同时举行。诞前一
个月，村中长老召集石工、砚师和村民到伍丁祠合议集资募捐，筹备贺
诞。村中先请村里书法好的人书写对联，张贴在伍丁祠、村门楼、祠堂
门口等处。这些对联是历史上传承下来的，例如："伍丁凿开山成路，
砚田长留子孙耕"，"祖师传授石为业，弟子遵从砚作田"，感念祖师
恩德，继承勤奋从业的优良传统。

诞期，两村同时举行贺诞仪式，在伍丁先师神位前"摆神福"，在
神台上供奉烧猪、熟鹅、熟鸡、大蕉、干果、酒饼、腐竹、糖莲藕、红
米、红枣、莲子、松柏等贺诞礼物；还有广东人寓意生猛、勤快、聪
明、善算的生菜、芹菜、蒜、葱等鲜品。村中在四月初七傍晚开始举行
"贺师傅"的仪式，主持人念颂祝辞，祝颂伍丁先师的功德，石工们敲
锣打鼓、舞狮子、吹唢呐、奏八音、演武术，直到天亮。"贺师傅"礼
毕，石工举行"拜先师"的礼仪，燃放铁炮（现在用爆竹代替），三声
炮响之后，开始祭拜先师。先由行内砚师按长幼顺序向祖师上香跪拜，
祈求行业兴旺。然后，就是"祖师出巡"的环节，把伍丁先师的牌位从
神坛请到轿子上，主持人上三炷香、敬三杯酒，精壮的石工抬起轿子，
众石工紧随其后，鼓乐齐鸣中缓缓而行。巡游队伍路经村巷、基堤、各
家作坊、商铺、门楼，各处都迎贺伍丁先师。

伍丁先师巡游（端州区文化馆提供照片）

　　巡游结束后，恭送伍丁先师"回府"。村中长老持刀切割供过伍丁先师的烧猪、烧鹅，把祭肉平分至各家各户分享伍丁的福恩。晚上，各家各户开大盆菜宴，两村宴饮至深夜，如果经费充裕，还请粤剧戏班做大戏。诞期后，村老将所有开支在祠堂公示，盈余滚动至下年贺诞。

　　伍丁诞日还有两项重要的仪式，就是"拜师傅"和"领长生会簿"。

　　拜师傅。在端州，有志从事采石制砚的新入行者也在伍丁诞日举行拜师仪式。新入行者定要有行业前辈的担保，引领到伍丁祠，在师傅指点下向伍丁先师敬酒三杯，点香三炷，行三叩九拜大礼。礼毕，向师傅行跪拜礼，师傅以揖礼作答。参拜伍丁祖师神主牌后方可入行跟随师傅学艺，只有同拜伍丁为祖师，才被视为同门师兄弟。这种约定俗成的民间契约精神深入端州石工和砚师群体的心，成为乡规民约的一部分，并世代延续流传至今，造就了一代又一代采石制砚的能工巧匠、工艺大师，也造就了中国四大名砚之首——端砚。

　　领长生会簿。从前，端州采石是高危行业，时有伤亡事故。为了互助保险，端州采石制砚各坊多设互助组织"堂"，以"堂"为单位

新从业人员在伍丁祠拜师（端州区文化馆提供照片）

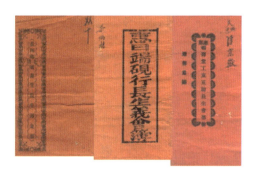

旧时端州各"堂"的"长生会簿"（端州区文化馆提供照片）

设有"互助长生会"和管理章程。长生会的成立目的如《惠应福寿堂工友互助长生公益义会章程》所记载："纯为工友联络感情起见组织，以慈善公益为宗旨。"由采石制砚各坊集资作为基金，行内石工均发"长生会簿"作为凭证。行内人亡故——好意头说是"长生"，由各"堂"发给善银办理后事。此项善举使工匠打破宗族、地域界限，抱团取暖。现在工匠已经用不着这种保障机制了，但在伍丁诞象征性地发放"长生会簿"，存续端州石工砚工甘苦与共、团结互助的精神。

伍丁诞，是端州采石造砚工匠每年一度最为虔诚而热闹的一项民俗盛事。每逢伍丁诞期，来自端州周边一带广宁、高要、四会的采石造砚工匠齐集伍丁祠；近几十年，来自五湖四海的端砚从业人员也越来多，伍丁信俗促使大家融入端州。大家借伍丁诞期，见证端砚行业发展历史，分享端砚从艺心得，传授制砚经验，激励工匠精神，为振兴端砚产业营造更大的发展空间。

3. 湛江糖祖习俗

甘蔗是热带、亚热带经济作物，华南自古以来就是中国甘蔗和蔗糖最重要的产地。湛江市遂溪县位于中国大陆最南端的雷州半岛，水热条件好，是最早种植甘蔗和炼制红糖的地区之一。遂溪县原是隋朝设立的椹川县，据说隋文帝杨坚派堂兄弟杨周任知县，杨周勤政爱民，鼓励民众开荒种蔗，他和能工巧匠开创用石辘轳榨蔗、锅灶熬汁、瓦器分离的古法制糖，方便快捷，出糖量高，制出来的糖质优味纯，畅销各地。杨周造福一方，民众感念他的功德，尊他为"糖祖"，立庙祭祀，沿袭至今。

糖祖的祭祀方式同蔗农的生产季节合拍。旧时，遂溪蔗糖产区的农民在甘蔗种植季节忙于管理蔗田；收获甘蔗后就进入榨季，蔗农或把甘蔗卖给专营制糖的糖寮（土糖作坊），或集体合资组建糖寮，用牛拉的石制辘轳榨蔗熬糖。遂溪糖寮最多的时候有1500多间，年产量居广东南路各县之首，产品行销上至京津地区，下至中国港澳地区和南洋。每年农历立冬时节，榨季结束，农事较闲，蔗农就举办祭祀糖祖的活动，答谢糖祖一年来的功德。不过，立冬时节的祭祀比较简约，最隆重的祭祀是在年例。

雷州半岛是年例风俗盛行的地区，遂溪民众就把纪念糖祖的民俗活动作为当地的年例，在每年正月十五元宵节这天做年例纪念糖祖。内容有巡蔗、收蔗、祭祀、制糖、赛糖、分糖、食糖、抢蔗种等程序。

正月十五一早，民众就喜气洋洋地布置好糖祖庙，供案上摆放香烛、瓜果、五谷、甘蔗、鸡、鱼、发糕等供品。熟悉糖祖祭仪的主持人带领蔗农，鸣锣开道，来到蔗地，围着蔗田巡游，挑选长得粗壮的甘蔗收割回来，分别放置在庙里和家里，祈求好运。这是巡蔗和收蔗。

巡蔗（湛江市非物质文化遗产保护中心提供照片）

中午时分，糖祖庙前爆竹轰鸣，锣鼓喧天，人声鼎沸，村民点烛、上香、敬酒、礼拜，祭祀糖祖。接着进行红糖比赛。参赛者早在甘蔗成熟时就开始进行准备工作了，他们把甘蔗收回到制糖作坊，按照对甘蔗进行去杂、榨汁、九锅连环熬糖、风干、切块等传统古法技艺制红糖，送到糖祖庙前参加赛糖。参加赛糖的红糖无论种类和大小，都要摆列在祭祀糖祖的大红供案上。德高望重、经验丰富的制糖老师傅们对砖糖、块糖、片糖、粉糖等各式红糖，从形状、色泽、味道等方面进行比对、尝试，从中选出纯度高、色泽鲜、品质佳的"糖王"，给获奖的"糖王"主人披红挂彩，以资奖励。

接着就是分糖的环节了。主持人发出"抢彩！"的口令，现场的红糖就被一抢而光，村民抢到红糖就是"得彩"了，各自把"彩"拿回家收藏起来，以备日常补身防病时食用。

下午开始食糖，村民们把自家糖糕、糖籺、糖角、糖面、糖水和各种做年例的饭菜端出来，全村人共同享用，一起庆祝甘蔗和红糖大丰收，感恩上苍和糖祖的眷顾，祈求吉祥安康。

抢蔗种是糖祖习俗的压轴戏，主持者把甘蔗砍成一段段，同蔗田的

获奖的"糖王"主人（湛江市非物质文化遗产保护中心提供照片）

抢彩

食糖

抢蔗种

身上粘的泥巴越多运气越好

田泥混在一起，随后鸣锣一响，抛出混了田泥的甘蔗段，村里男女老少一哄而上，不顾泥巴洒上身，即时把蔗段抢光。据说把抢到的蔗段拿回去做蔗种，来年一定会大丰收，身上沾的田泥越多就会运气越好。

遂溪糖祖习俗和古法制糖技艺历史悠久，世代相传，仪式完整，散发着浓郁的乡土气息。遂溪人沿承糖祖习俗和古法制糖两项非物质文化遗产，是不忘先祖创业的艰辛，坚守优秀的工匠传统精神。湛江拥有全国最大的甘蔗种植面积，促进了湛江农村的繁荣，也推动了制糖业不断发展。遂溪制糖的现代化大工业生产，已经取代了糖寮和牛拉的石辘轳，一跃成为遂溪的支柱产业，并连续保持糖蔗总产量和产糖量居全国县级之冠，遂溪赢得"中国第一甜县"的美誉。糖祖有知，也一定甜到入心吧！

宋元以来，北方人民南迁，为岭南带来了先进的农业和手工业生产技术，也带来了他们的生产和行业习俗。明中叶，珠江三角洲全面开发，珠江三角洲人民顺应当地的自然环境和水热条件，把北方先进的农业技术本土化，创造出新颖的农业组合模式——桑基鱼塘，其主要分布在南海、顺德一带。在现代珠江三角洲整体城市化之前，从高空俯瞰的

桑园联围（九江镇文化发展中心提供照片，梁兆林摄）

珠江三角洲方塘如镜，塘基栽种绿油油的桑树，塘里养鱼，这就是桑基鱼塘。基面种植的桑叶用来饲养家蚕，蚕桑的下脚料和蚕沙（蚕粪）投入鱼塘肥塘和喂鱼，鱼粪和饲料残渣沉积到塘底，成了肥沃的塘泥；农民把塘泥挖起，铺上基面作为桑树的肥料。桑基鱼塘构成了一个农业生产良性循环的生态系统，蚕茂鱼肥带来了巨大的财富，这是当时世界上技术最先进和经济效益最高的生态农业组合模式。明清以来，桑基鱼塘达到200多万亩，珠江三角洲成了中国继长江三角洲之后崛起的第二大经济区域。

现代的珠江三角洲高度城镇化，农业已经退出了主要经济部门，但与桑基鱼塘相关的一些生产习俗还以非物质文化遗产的方式在民间传承。

4. 蚕姑诞

古代中国以农立国，"男耕女织"是基本生产组合，国家主导的蚕神祭祀早在周代就已经出现，此后在民间传承过程中不断被改造，蚕神的名号、称呼、形貌、身份发生很大变化，其中大多已不可考证。旧时珠江三角洲桑基鱼塘助推起蚕桑业高速发展，乡村到处都是农家养蚕的蚕房，蚕农都信奉"蚕姑娘娘"。珠江三角洲的蚕姑通常有三个，中座是"马氏蚕姑娘娘"，两旁分别是"邓氏蚕姑娘娘"和"凌氏蚕姑娘娘"。珠江三角洲的养蚕行业主神"马氏蚕姑娘娘"，民间传说是皇帝的妃子嫘祖，此神同西蜀、东吴民间蚕神马头娘也有些渊源，可能是北方移民带来的信俗，考据仍有些眉目；至于邓氏、凌氏的来路却难以考知。三位女士俱被民间奉为"西山大圣"或"西山圣母"。西山，可能同顺德大良西面的一个风水山有些关联。这些迹象，都说明远古中原或江南地区传承过来的蚕神信俗在珠三角已经地域化了。

珠江三角洲蚕姑信俗最大的特色，就是同桑基鱼塘的生产节奏和民间社会合拍。大多数蚕姑纯粹一副村姑打扮，手捧桑叶、蚕茧、蚕虫或蚕窝，和蔼可亲，少见其他女神那种朝廷命妇式的装束和令人望而生畏

顺德龙江南坑观音庙的"西山大圣"马氏、邓氏、凌氏蚕姑娘娘，村姑打扮。她们的手分别捧着蚕虫、桑叶、蚕窝（养育蚕虫的工具）

的形象。蚕姑庙散布在各乡村，大多很简朴，没有其他大神那种豪华的装修，通常就附建在其他神庙的旁边；有些蚕姑没有独立的神庙，她们的神像只是附着在其他神庙中，例如上图中的马、邓、凌三个蚕姑娘娘就附祭在顺德龙江的南坑观音庙；有些蚕姑也不一定是三个，可以简单化为一个神像就把马、邓、凌三个女神都代表了；也有些蚕姑甚至连造

这个蚕姑庙一个神像便代表了马、邓、凌三个蚕姑娘娘（杜琪琪廖倩婷提供照片）

顺德勒流黄连村同其他民间神坐在一起的蚕姑娘娘（何福源提供照片）

顺德沙田五社供奉的西山大圣蚕姑娘娘牌位（牌位设在沙田的中心——回龙社）

像都没有，只有一块神牌，同其他神灵一起附祭。这种现象同各地农村的经济发展水平、用地、民风相适应，顺应地情民意。

我们可以看到珠江三角洲的蚕姑庙尽量简约，祭事尽可能贴近桑基鱼塘区的生产节奏。蚕姑庙几乎看不到那些漫无边际的歌功颂德的赞词，民间对她们的期望都是很贴地气、很实在的。例如附祭在顺德龙江镇南坑观音庙的"西山大圣"马氏、邓氏、凌氏蚕姑娘娘，村姑打扮，就像是珠江三角洲普普通通的养蚕人。她们的手分别捧着蚕虫、桑叶、蚕窝（养育蚕虫的工具）。最有意思是两旁的对联"嚟揸自吾少吾多，喂咪嘈有分有数"。这是用顺德地方口语写的对联，反映的是养蚕人工作的场景。首句是对蚕宝宝说的："来，拿住，不少

顺德龙江镇大涌口简朴的蚕姑庙（李健明提供照片）

顺德龙江镇苏溪村蚕姑庙同其他村庙合建（杜琪琪、廖倩婷提供照片）

不多。"意思是：来，吃吧，你们别急，饲料管饱，又不浪费。第二句是对投喂桑叶的人说的："喂，不要吵，我心中有数。"意思是叫在蚕房工作的人保持安静，心中有数便可以了。自古以来中国的养蚕人很重视蚕房管理，知道人声嘈杂会惊扰蚕的进食和生长，所以投料的时候只要心中有数就可以，不宜发出噪声。大家看到这样的对联，对蚕宝宝的爱意就会油然而生，自觉遵守蚕房规矩。蚕桑生产在江南地区通常就每年一两造，但珠江三角洲水热条件好，每年可以六七造，所以桑基鱼塘区的蚕农一年到晚都忙个不停，少有闲时，但他们总不忘祭祀蚕姑娘娘，以求"田蚕旺相，十足收成"。因为各地蚕桑生长期有参差，所以祭祀蚕姑的时间也不同，常规的拜祭是每个月农历初一、十五。顺德龙江乡间风俗，正月初八拜祭蚕大姑，二月十五拜祭蚕二姑，三月十八拜祭蚕三姑。拜祭总以不影响蚕桑生产为要。另外，为了祈求每一造有十足的好收成，蚕农在蚕房的门口贴张红纸，写上"蚕姑娘娘神位"，神位前摆个小香炉插炷香，同乡村人家门口的"门官土地"一样，就把蚕姑娘娘请到蚕房来了。每一造，蚕农都要用米粉搓制成蚕茧形状的小丸子，装盘拿到蚕房中，一手拿起盘子，一手拨开蚕窝上的桑叶，让蚕宝宝现身，口中轻声喃喃祝福几句。或者更简单一点，抛掷古钱预卜当造桑蚕的丰歉。每造的拜祭仪式极其简约，却寄托了蚕农无限的希望！

珠江三角洲各地蚕姑庙也有集中祭祀蚕姑的庆会，一般安排在蚕桑事了的岁晚，蚕农辛苦了一年，蚕姑也辛苦了一年，大家都要欢愉一下，这时桑基鱼塘区会集中打扫蚕房，对蚕房进行卫生消毒，出现"家家出户送蚕娘"的盛况。这个日子的祭祀比较隆重，蚕姑庆会同广府其他迎神诞会一样，也有赛会的意味，正如民间诗人所说"岁晚村前陈百戏，共喜蚕娘今日醉"。从蚕姑庙请出蚕姑娘娘，巡游村落，各家焚香祝拜，摆宴庆贺；百戏纷呈，有龙狮表演、酬神大戏，顺德龙江镇苏溪等地的蚕姑诞还有烧炮的盛典。蚕桑丰收的年景，蚕姑庆会也会热闹些，蚕农多报偿蚕姑，也多犒劳自己。现在珠江三角洲已经完成了现代化业态更新，难得一见蚕桑业了，但蚕姑信俗仍然勉励蚕农的后代在创新中前行。

5. 南海九江鱼花习俗

珠江三角洲还有一个重要的生产部门是鱼苗的供应。鱼苗，在桑基鱼塘区叫"鱼花"。在现代人工繁育鱼花技术推广之前，塘鱼养殖只靠捕捞江河天然的鱼花，西江上游是天然鱼花的主要滋生地，人们在沿江设立鱼花的捕捞点叫"鱼花埠"。

西江下游的佛山市南海区九江镇，处在西江下游，河段江面宽阔，坡降平缓，很适合设埠，捞取鱼花；九江境内河涌纵横，鱼塘密布，九江乡人把捞取的鱼花进行分类，放养塘中培育成优质鱼花，水陆分途远销到各地。九江优质鱼花恒定供应，为桑基鱼塘乃至整个珠江三角洲经济社会持续繁荣奠定了先决条件。

得天独厚的地域优势和发达的交通网络，造就了九江乡人生产鱼花的高超技术，也孕育出九江人的淳风美俗。

云海奇丽，星罗棋布的九江鱼花养殖塘（九江镇文化发展中心提供照片，李志东摄）

　　九江乡人在长期的鱼花生产中，积累了丰富的经验，有很高的科学性和实践性。他们对鱼花生产的天时、地利与人和了然于胸。

　　首先他们把握住地利。古代中国，长江中下游地区也有鱼花生产，如湖北的赤壁、江西的九江、安徽的安庆、江苏的常州等地，但是，南海九江所在的西江河段鱼花生产时间比长江流域要提早一个多月，九江乡人就牢牢把握这个商机"饮头啖汤"；西江水热条件好，经过九江乡人养殖的鱼花肥壮，成活率高。早得先机和质量特好的九江鱼花，关系到古代中国东南半壁的淡水养殖业和钱粮收入，于是明中叶朝廷就颁旨特许九江乡人自西江封川口至高明的江段设立鱼花埠捕捞鱼花，九江乡人设立鱼花埠多达八九百处。每年春初，九江乡人便驾船前往粤西河道，批量设立鱼埠，装捞鱼苗，载回塘内畜养。《九江竹枝词》描绘出当时的风俗画面："养鱼塘下鲤鱼肥，溪女傍翁坐钓矶。早起拂鱼墟上卖，日斜扶得醉人归。"

　　其次就是九江乡人对天时的捕捉。在没有准确天气预报的古代，九江乡人通过长期的实践，掌握了同老天爷对话的本事。每年农历三月桃

九江乡人在西江装箩设鱼埠（九江镇文化发展中心提供照片）

花汛至八月，是鱼花捕捞季节，九江乡民事先在西江湾环处设鱼埠装笼，并在日落时分察看天际的风云层变幻、闪电、雨势，就能判断西江鱼花何时而至，还能预测随江水而下多是哪种鱼花。

最重要的是九江乡人的人和。鱼花生产有设埠、分选、定则、放养、运输、销售等多重环节；既有微观的精细活，也有宏观的大商业气场；这条漫长的产业链，从九江向西延伸到西江流域的中上游，向北越过南岭山脉延伸到中国的北部。人和，就能凝聚各路高手。

①撇花。捕捞鱼花时，九江乡民划着小艇前往鱼埠，将捕获的鱼花装运回来，对鱼花进行分类，这个环节叫"撇花"。西江鱼花种类繁多，珠江三角洲桑基鱼塘集中放养的鱼种只要鲩鱼、鲢鱼、鳙鱼、鲮鱼"四大家鱼"，刚捞到的鱼花种类繁多，细小如绣花针，撇花要把四大家鱼从中分离出来，这是高手在"微观世界"的精细活，他们根据长期累积的经验，利用各种鱼花耗氧量不同的特点，一手拨动水面，引起鱼花耗氧分层，一手用瓷碟将各种鱼花分离出来，准确度极高，保障了珠江三角洲桑基鱼塘塘鱼养殖的经济效益。

撇花（九江镇文化发展中心提供照片）

②开鱼花。鱼花分类后，就要下塘培育成鱼苗。这是九江鱼花养殖的开端，有个比较隆重的仪式就是"开鱼花"，这同九江鱼花的行业信俗有一定关系。旧时九江水患频仍，九江乡人在这片土地上安身立命，他们要祈求土地的眷顾，因此九江鱼花行业共奉当地的土地神为行业

神灵。据九江地方志记载，九江有一条通向西江的河涌边有一所福德祠（土地庙），每年"阖乡鱼户岁时报赛于此"。可见这所福德祠是九江鱼花行业每年在土地诞举行贺诞赛会的地方，所以这土地爷被称为"鱼行土地"。根据九江鱼花习俗非物质文化遗产保护项目传承人的回忆，随着九江鱼花业的高度商业化，鱼行土地的赛会越来越简约，不影响生产。每到农历二月初二土地诞，当地的鱼花户通常就买一块烧肉、几两小酒，拜拜土地爷，然后就犒劳一下自己，把酒肉打发了。在开鱼花之前，要先进行鱼塘消毒。旧时没有准确的水质化验，九江鱼花养殖高手很有本事，他们只要用脚踢弄几下塘水，便知道这口塘经过消毒的水质是否达到放养鱼花的标准。在放鱼花下塘的时候，他们要郑重其事地进行一个仪式：在塘头一个地方插下三支香烛，手持纸元宝，半跪祝拜"塘头土地"——本塘的土地爷；再用一根破开竹头的竹子把元宝和红色的衣纸夹住，竖直插到鱼塘中。随后将鱼花投放到鱼塘里饲养，之后就可进入正常投放饲料养育鱼苗的生产过程了。

开鱼花祈求土地爷保佑鱼花健康、收成丰厚，很有仪式感。我在珠江三角洲实地考察中发现，开鱼花拜祭"塘头土地"不纯粹是民间信仰，这其中隐含着一些古代的科学经验。我在顺德见过一些鱼塘有"基头公"——也就是"基头土地"，那地方随便放块石头（也可什么都不放），逢年过节也插些香烛。老农告诉我，在固定的地点、固定的时

开鱼花的仪式（九江镇文化发展中心提供照片）

间投放喂鱼的饲料，使鱼形成习惯，对鱼的生长极为有利；投喂地点时间错乱，鱼的生长会大受影响。"基头公"就是塘工投放饲料的固定地点，只是给了它一个土地公的身份，把它神圣化罢了。"塘头土地"和"基头公"能加强塘工的责任感，可见九江鱼花和珠江三角洲桑基鱼塘区的生产习俗同生产经验整合了，其中有科学道理可循。

③开则。到鱼花长成鱼苗，就是贩卖季节了，各地鱼农聚集九江。九江鱼花户对各种鱼苗进行估产点算，掌握每种鱼苗的供应数量和客户的需求量，然后同客户公开商量分配，叫"开则"。如果当天的鱼花供

鱼苗开则、定则（九江文化发展中心提供照片）

应数量不足，会邀集客户协商，互相调节，尽量照顾人人都能买到鱼花；如果当天实在不能满足各个客户的要求，买不到或买不够量的客户，他下一次来补买的时候，九江鱼花户会给他购买的优先权，总能令他满意而去。

④定则。这是对各种鱼苗的大小规格进行鉴定。九江鱼花户有专用来"定则"的传统鱼筛，以鱼筛孔径的疏密来确定鱼苗的大小规格。九江鱼花定则的鱼苗大小有从三朝至十二朝、长三寸至七寸的规格，对每一则大小的各类鱼苗还要再进行数量的开则，卖家、买家对各种鱼苗规格和数量都做到心中有数。

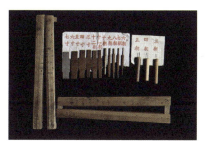

九江鱼筛制作的专用量具（九江文化发展中心提供照片）　织造鱼筛，以统一的量具严格控制孔径疏密度（九江文化发展中心提供照片）

⑤数鱼花。这又是九江鱼花户一项令人佩服的绝技，他们用一只鱼碟把鱼苗一碟一碟地舀进客户的鱼花桶里，一边舀一边唱出鱼苗的数目，对每一勺的鱼苗数目拿捏极为准确，客户也总是信赖他们，从来没有发生过数量误差的争议。

九江鱼花行业习俗除了讲究精细、准确之外，还特别注重严谨。他们的鱼筛制作全镇统一，用一个系列的量具来确定鱼筛的疏密度，鱼筛织造也出自工艺严谨的专业户，使定则的鱼苗标准保持一致，取信于人。

九江点算鱼花的规则、用鱼碟确定每勺鱼苗数量、用各种孔径鱼筛分辨鱼苗规格大小等生产习俗，至今仍是全国淡水养殖行业沿用的标准做法和标准度量。

九江鱼花行业对鱼花、鱼苗的质量也严格控制。因为鱼苗纤弱，对要求买鱼花的客户，卖家会安排他尽快上路回家，尽早可把鱼花落塘，以免造成损失。对远方订货的鱼苗，要进入长途运输，卖家会点算好鱼苗数量，静置一日一夜，让鱼苗排清粪便，不污染水体，还要观察鱼苗有没有疾病或死亡，保障鱼苗成活率。经过严格观察和检查之后，鱼苗才进入运输过程。

⑥运鱼苗。鱼花传统运输分为水路和陆路，用鱼花桶或鱼花船将鱼花运送到各地。史称明清时期九江鱼花运销"水陆分行，人以万计，筐以数千计，自两粤都邑至于豫章、楚、闽，无不之也"。运输也是技术活，要计算好运输的路程，就近运输选择大鱼苗，远途运输选择小鱼苗。远途运输，沿途要用鸭蛋黄和米汤喂养鱼苗，鱼苗逐渐长大还要分桶；水运，在船旁要安装两台水车，昼夜不停给鱼苗换水，保证供氧充足，鱼花不病。九江民歌《卖鱼歌》描绘出这样的生产习俗画面："二月鱼苗正上塘，船头分向贩他乡。春帆雨细人初去，咿轧车翻水面腔。"九江鱼花在各地能够卖个好价钱，皆因质量最好，养鱼能获高产。

旧时，因为运输的是鲜活水产，耽误不得，朝廷和地方政府也昭示沿途为九江鱼花开放"绿色通道"，但九江鱼花户缔造沿途的"人和"也十分重要。明清时期珠江三角洲"四大家鱼"的鱼种都出自九江，九江人的鱼花运销沿西江而上远达广西的桂林、平乐、贺州；沿东江而上远达龙川、紫金；沿北江而上远达始兴、南雄；翻越南岭远销到黄河以南的广大鱼产区；接驳海运可至我国台湾地区，南下远至东南亚国家。九江人除了在沿途各地建立起人际关系融洽的销售网点和贸易关系，还在一些地方传播九江的鱼花捕捞、养殖等生产技术和生产习俗，民间口碑很好。至今，在西江沿岸还有一些地区传承有"鱼花节"的民俗活动；在鱼苗运销的路上还有九江人落地生根建立乡村，例如三水芦苞镇北江边的村头村、广西苍梧的长洲岛（今属广

诗意水乡（九江镇文化发展中心提供照片，何惠然摄）

西梧州市）。长洲人为纪念祖先从九江带来的生产技术和生产习俗，称这一带的自然村为"九江塘"。九江人建立起和谐的运输网络，确保鱼苗运输渠道畅通。

屈大均描述九江："地狭而鱼占其半，池塘以养鱼，堤以树桑；男贩鱼花，妇女喂爱蚕，其土无余壤，人无敖民，盖风俗之美者也。"九江鱼花生产习俗对整个珠三角影响深远，鱼花捕捞和鱼花养殖为全省淡水养殖业奠定了深厚基础。随着人工繁育鱼苗技术成熟和水产养殖现代化，西江鱼花捕捞和养殖已经淡出现代经济序列，但历史悠久的鱼花生产涵育出九江人民的淳风美俗长盛不衰。对鱼花业精益求精的工匠精神，对经济活动的高效益追求，对商业信用的坚挺执着，深入九江民心。九江发展起现代化鱼苗产业，鱼花生产突破了传统的"四大家鱼"，发展起高档鱼类养殖，还利用古老的西江鱼花捕捞技术恢复濒危的鱼类。九江鱼花产业仍然是全国鱼苗行业的翘楚，九江鱼花已经远销至中国的东北！

岭南依山傍海，珠江三角洲、潮汕平原水网密布，自古以来岭南人民以舟楫为食，向江河湖海讨生活，水上作业是极其重要的经济部门。岭南除了九江鱼花的大产业，在海洋、江河还有不少散布民间的水上作业和习俗。

6. 珠海乾务装泥鱼

珠海处在西江出海口，西南面是西江和南海潮间带相会的黄茅海水域。广东人称这种地方为"咸淡水交界"，这种地带的水生物种类特别丰富，风味也特佳，水里游的且不说，在滩涂上就有一种人所垂涎的美食——泥鱼。清《香山县志》载："弹流鱼即田流鱼，一名花鱼，一名七星鱼。色灰黑，长三四寸，身有花点，肉嫩，味清美，可作羹"。因为花鱼颜色与泥土相近，村民们习惯把它叫作泥鱼。

珠海市斗门区乾务镇是咸淡水交界的大沙田区，有3万多亩滩涂，盛产泥鱼。清乾隆年间，这里的大沙田开发，各地人民浮家泛宅来到此地，当时平陆稀少，出门见海，周围几个村的村民为谋生计经常要出海讨生活。他们发现每逢农历初一前和十五后的海水退潮期，近海的滩涂上都会有很多小鱼，捕而食之，肉味极其鲜美。这种出自海滩泥涂中的小鱼就是"泥鱼"。每逢墟日，村民们便拿捕到的泥鱼去趁墟，换取粮食和日用品。后来产量渐多，他们便把泥鱼等渔货贩运至澳门、中山、江门、新会、台山等地，成为当地乡村的重要生计，也在几百年中形成了他们特有的传统生产习俗。

泥鱼平时躲藏在滩涂的泥洞中，村民为了捕捉这种小鱼，也颇费心思。初时，他们尝试等泥鱼从洞中爬出来，直接用手捕捉，但泥鱼

泥鱼（学名弹涂鱼）

浑身滑溜溜的，一抓不稳，泥鱼又逃回洞中去了；后来，村民赤脚在泥鱼洞口附近的浅滩上踩踏，让泥鱼受到挤压和震动逃出洞口，但越踩洞口的泥土越实，泥鱼干脆不出来；再后来，村民又试过用网格工具来捕捞、用鱼叉来刺捕，但都收获甚微。而且用暴力捕捉的泥鱼容易受伤，卖相也不好。最终，村民们慢慢地摸索出"装泥鱼"的捕捉技艺，"装泥鱼"在斗门区乾务镇虎山村、荔山村、马山村、网山村、大海环村和石狗村成为一种水上作业习俗。

"装"，粤语就是诱捕的意思。村民在滩涂的泥鱼洞口设置"机关"，等待泥鱼自投罗网，大大降低了劳动强度，提升了泥鱼产量和质量。装泥鱼的村民就是依靠随身的五件宝：泥鱼笼、泥鱼篓、泥板、蚝袜、斗笠。

①泥鱼笼。这种笼子在造型和原理上都近似广东人习常使用的"甴曱笼"（诱捕蟑螂的小竹笼），泥鱼笼的两头都有开口，一头的开口有"笼须"——倒刺，使泥鱼能进不能出；另一头是活动的开口，以便把装到的泥鱼倒出来。泥鱼笼要轻巧，能经受长期的海水浸泡，"笼须"既要柔软又要有刚性，因此制作泥鱼笼对原料竹子的要求特别高。老天爷也似乎特别眷顾沙田区辛勤讨海的村民，在乾务镇的大沙田区出产的一种"粉单竹"，就特别适宜制作泥鱼笼。当地编织泥鱼笼的"老行专"利用粉单竹大量生产泥鱼笼，装泥鱼的村民通常都随身带上150个泥鱼笼出行，在滩涂上随时"布阵"。

②泥鱼篓。泥鱼篓同岭南沿海渔民使用的鱼篓近似，但因为要负重，要求编织的竹子材质够坚韧耐用。村民就在趁墟卖泥鱼时，买回适合使用的广宁竹子。装泥鱼作业通常要一大一小两个泥鱼篓，小的系在腰间，大的坐放在滩涂上或泥板上。当地对两种泥鱼篓的称谓很有岭南风土气味，小泥鱼篓随人移动，叫"行工"；大泥鱼篓坐放在滩涂上或泥板上，叫"坐工"。这两种称呼其实是借用了岭南游神赛会的说法，游神赛会抬出来巡行的神像叫"行宫"，长坐庙中不动的神像叫"坐宫"。"行工""坐工"其实是前两者的谐音。在滩涂作业的时候，腰

滩涂上的泥板轻骑（赵海威提供照片）

间的"行工"装满了，就倾倒到"坐工"里去，减轻身上的负重。

③泥板。这是装泥鱼最有特色的装备，用在岭南生长十年以上的老杉木制成，耐水浸、耐咸抗腐。用火烘烤杉木板，使它一头翘起，就像一只硕大无朋的雪橇。泥板的中间安装了扶手，好让人扶着保持稳定，村民装泥鱼时双手扶着扶手，一脚后蹬，推动泥板在滩涂上快速滑行。

这种泥板，是远古中国的一大创造。《史记》记载：夏朝大禹治水，竭尽辛劳，十三年过家门而不入。后人作注解说：大禹治水，"陆行载车，水行载舟，泥行蹈毳，山行即桥"。就是说他在治水行程中使用了不同的交通工具，其中"泥行蹈毳"，就是在泥涂中使用了泥橇滑行。这种泥橇在中国新石器时代遗址的考古中曾经被发现过，说明历史

装备了五种"宝贝"的村民在滩涂上作业，"坐工"大泥鱼篓没有显示（赵海威提供照片）

记载的事实。泥橇，也就是乾务镇村民现在还使用的泥板。

④蚝袜。广东咸淡水交界地带，也是蚝等贝类密集生长的地方，通常地下也堆积起一条"蚝壳带"，蚝壳的边缘很锋利。装泥鱼在海洋和滩涂间作业，村民们为了保护双脚不被滩涂下的蚝壳和其他海洋生物刺伤，发明了一种特别的"劳保用品"，用家织的土制黄麻布缝制而成，貌似传统的长筒布袜，袜底厚5—6层麻布，袜口有细绳可绑在腿部防止下滑。

⑤斗笠、竹篾帽。用于外出捕鱼时防晒、遮雨。旧时使用的竹笠较大，乾务镇装泥鱼的高手还有一种绝技，就是海风大时把大竹笠迎风竖起，大竹笠变成风帆，泥板速行，泥板上的人可以过一把"滑泥风帆"的瘾。

有了装泥鱼的五件宝贝，接下来就看技术活了。

①观潮择日。乾务镇位于珠江出海口，受大海潮汐的影响。乾务镇村民在长期生产生活经验中，把握了这里潮涨潮落的规律。每15天为一个周期。一般农历初一前和十五后的退潮期时间都是在上午7点至11点，白天退潮期最长、水位最低、露出水平面的滩涂面积最大、泥鱼活动最频繁，也最适宜捕捉。

②选滩。泥鱼对生活水域的盐度要求较苛刻，深藏泥洞中，以藻类和腐殖质为主要食物。因此，有经验的村民会选择咸淡水交界、平整、开阔、富含藻类植物的浅水滩涂来捕捉。

接着就是开始装泥鱼，村民摸透泥鱼的生活习性，分四个步骤装泥鱼：看、放、等、收。

③看。滩涂上活动的小鱼小蟹很多，各种水生动物的行迹和藏身洞口也不尽相同。辨认泥鱼行迹和洞口很讲技巧，村民通过观察泥鱼在滩涂上爬行的痕迹判断出可能有泥鱼藏身的泥洞。他们有一套成熟的"看"的习俗：一是看痕迹的花纹，泥鱼身上有细小的鳞片，体侧有一对小鳍，在滩涂上滑行时，通过双鳍和尾部支撑身体向前移动，会留下一连串近似"小"字形的痕迹，指示刚有泥鱼行过；二是看痕迹深浅，

洞口的痕迹较深，就说明泥鱼刚刚进洞；三是看痕迹的长短，高手一看痕迹长度就能判断出洞中是否有泥鱼藏身。

④放。找到泥鱼藏身之处，就将泥鱼笼有"笼须"的一头对准洞口，放进洞中。放的深浅和角度都颇有讲究，装泥鱼习俗已经入心的村民，轻车熟路，随手而放，三个小时左右就能蹬着泥板巡遍一方区域，把随身的150多个泥鱼笼全部放置好。

放泥鱼笼（赵海威提供照片）

⑤等。泥鱼因为体积很小，为了避免被海浪冲走，它们在涨潮时一直藏身在泥洞里。退潮后大面积的滩涂露出水面，它们便从洞里钻出来觅食，呼吸新鲜空气。这时几乎每个泥洞都已经被村民设置了"机关"，他们只需"等君入瓮"。进了泥鱼笼的泥鱼，被有刚性的"笼须"顶住，不能完身而退了，村民就开始起笼收鱼。

⑥收。收笼，也叫起笼。泥鱼笼放置一个小时后，村民们便将它们一一收回，收笼按照放笼的顺序，先放先收，后放后收。收笼时用手轻轻把泥鱼笼从滩涂里拔出来，打开泥鱼笼的另一个出口，对准腰间的小泥鱼篓，使泥鱼丝毫无损地滑进篓里。如果此行丰收，腰间的小泥鱼笼

满载而归（赵海威提供照片）

装满了，就倒进"坐工"大泥鱼篓中，反复倾倒，就可以带着大篓泥鱼满载而归了。

现在，乾务镇有些村子九成以上的家庭仍然会装泥鱼，从织泥鱼笼、鱼篓，到做泥板、制蚝袜，在滩涂讨生活，代代相传。有些家传五代的装泥鱼工具被收藏进博物馆；有些泥鱼笼被加工成鱼灯、挂壁等竹艺编制作品，成为现代家居装饰中的鲜活风景；当地沿海滩涂总有装泥鱼的足迹，村民亲切地称广阔的沿海滩涂为"泥夹万"——"夹万"就是粤语说的钱财保险柜。装泥鱼滩涂作业习俗完全融入了当地的风俗文化肌理。

7. 珠海莲洲装禾虫

远古百越人嗜食蛇虫鼠蚁，曾被作为令人诧异的食风载入史册，宋代周去非在《岭外代答》中特别指岭南人"虫豸能蠕动者皆取食"。其中有一种虫五颜六色，比百足虫还多脚，遍体潺滑，在水中徐徐蠕动，常令南来的古人望而生畏，他们没有想到，这种虫——禾虫，如今竟然是驰名世上的珍贵美味食材。

禾虫，学名疣吻沙蚕（赵海威提供照片）

禾虫是咸淡水生物，生殖期最肥美的时候栖息在禾稻的根部，故粤语呼为"禾虫"。珠海市斗门区莲洲、白蕉、斗门等镇，是珠江出海口咸淡水交界的大沙田区，拥有过万亩适宜禾虫繁衍的潮间带滩涂和沙田，大沙田区来自五湖四海的疍民本来就是最早嗜食禾虫的食客，莲洲自古也是禾虫传统产地。这里有另一种水上作业习俗，那就是"装禾虫"，与装泥鱼有异曲同工之妙。

禾虫的"装"法是用"禾虫罗"。禾虫罗的罗网是用麻线手工编织而成，并用薯莨汁加蛋清染晒，耐咸淡水的浸泡。屈大均《广东新语》记录过这种广东沿海疍民在织物中应用的薯莨染整技艺，可见这是历史悠久的疍民风俗。

禾虫罗（赵海威提供照片）

　　设埠。粤语称一些专业码头为"埠"，例如上文讲过西江的"鱼花埠"。莲洲等禾虫传统生产点，民间称为"禾虫埠"。装禾虫在哪里设埠，关系到作业的成败和收获的丰歉，所以选点设埠要十分讲究。装禾虫的"老行专"掌握了禾虫群体会在咸淡水和栖息的稻田之间回流的生物特性，多把禾虫埠设在咸淡水流和稻田出入水口之间，"老行专"们各有自己的禾虫埠，熟知本埠的脾性，能把握好在埠头的出水口放置禾虫罗的时机。

　　放置禾虫罗重在时机把握。装禾虫的"老行专"在长期生产实践中摸索到禾虫的规律，知道每年农历三月、四月和八月初一、十五是禾虫生产大潮的黄金时段，他们借用沙田区稻作农用术语"早造""晚造"的"造"去比附禾虫的生产节奏，把每一段禾虫生产作业称为"禾虫造"，除有虫体最肥美的"正造"、丰收的"大造"之外，还有产出金黄色禾虫上品的"金花虫造"，以及黄瓜、荔枝成熟时的"黄瓜虫""荔枝虫"等"造"。这种习俗反映了疍民在大沙田区渔农两业并举的生产风貌。

　　装禾虫这些有鲜明时间性的"造"，已被现代科学证实是非常合理的：禾虫的生物特性，是在同一时间、同一地点从栖息的稻根或水底倾巢而出，成群浮到水面进行狂欢的"婚舞"，在水面排卵射精繁育后

在禾虫埠的水口放置禾
虫罗，捕捞禾虫（赵海
威提供照片）

解开禾虫罗的出口，倒出禾虫装船（赵海威提供照片）

又一次丰收的"大造"（赵海威提供照片）

代。一大群小精灵在水中躁动的时候，不知不觉就随流水落入了恭候它们已久的禾虫罗。禾虫的同步行为受外界环境因素如温度、潮汐、盐度、月相、日照等影响。自然条件下，禾虫每月会有两次群浮高峰，多数在新月和满月那几天内。装禾虫习俗所关注的初一、十五刚好就是出现新月和满月的时机，疍民还知道农历三、四月、八月会出现几次禾虫群浮的大潮，这些时候在禾虫埠设置禾虫罗捕捞，能有最大的收获。另外，结合农事现象，疍民知道在黄瓜、荔枝成熟季节，会有更肥美的禾虫。看来禾虫生物行为的"密码"，早就被在海洋讨生活的疍民破译了。看到装禾虫习俗表现出来的朴素生物科学知识，我们不能不敬服古代岭南疍民的智慧！

禾虫是高蛋白质的水产，有补脾胃、益气血、壮肌肉等补益作用，有"水中冬虫草"之称。禾虫作为疍民的席上之珍由来已久，在大沙田开发进程中，来自广府的民众又带入了广府特有的高超烹调技艺，大大提升了禾虫的身价，结合各种食材，蒸、炒、焖、炖、焗，催生出粤菜的整套禾虫菜系，还构成了老广独立于世的禾虫食俗。莲洲镇在禾虫"大造"上市之时，民间还举办独具特色的"禾虫节"，来自各地的粤厨大师利用禾虫大展身手，推出各款禾虫菜肴。莲洲民间也推出自家的

莲洲禾虫节

传统产品——号称"禾虫四宝"的禾虫干、禾虫饼、禾虫酱、禾虫油。这四宝虽是民间老牌产品，但制作颇考功夫，各有妙诀；且莲洲人用四宝烹制的菜肴各有食疗奇效，至今尚不能穷其奥秘。四宝是莲洲人逢年过节馈赠亲朋好友的佳品，不是老关系还不容易得到。

装禾虫习俗深深渗透入珠海斗门区莲洲、白蕉、斗门等地民间风俗的层层肌理，是民众参与度最高、参与面最广的民俗事象。很多与装禾虫习俗有关的民间口头俚语，不胜枚举，譬如"戆佬等禾虫"，意思近似成语"守株待兔"；"手急眼快装禾虫"，是说人精明敏捷；歇后语"禾虫爆浆——发烂"，是指人耍泼赖等；"老公死，老公生，禾虫过造恨唔返"，是形容对禾虫美食的痴迷胜过一切。装禾虫、禾虫埠、禾虫造、禾虫最肥美的"正造"、丰收的"大造"等富有沙田乡土气息的禾虫生产俗语，已经成为现代禾虫生产的标准术语。民间还有装禾虫的咸水歌在传唱。这些民间口头遗产不胫而走，传播甚广。在珠海斗门区的几个禾虫主产地，还形成了禾虫捕捞、美食制作、口头文学及咸水歌演唱等传承群体。

除了民间的俗文化之外，明清以来，清高的文人也放下身段，写出歌颂禾虫的高雅作品，不胜枚举。例如：嗜食禾虫的屈大均在《广东新语》为禾虫写出专章，清代诗人黄延彪《见食禾虫有感》诗："一截一截又一截，生于田陇长于禾。秋风鲈鱼寻常美，暑月鲥鱼亦逊之。"清代竹枝词："夏云积雨暮天红，落网安兜趁晚风；晨早埋街争利市，满城挑担卖禾虫。"民歌："灯光闪闪似火龙，清明漏夜装禾虫。"描画出天红欲雨禾虫盛出，农家夜捕禾虫的田园风景，早市满城叫卖禾虫的市井风俗画面。其中的"暮天红""落网安兜""趁""埋街""漏夜""装"等都是满有粤味的民间方言。这些高雅作品最初的创作动力，可能就是源自浮游在珠海斗门咸淡水交界处的小虫。

禾虫，这种长相不雅的蠕虫其实是很身娇肉贵的，它们要求生境极之洁净，稍有环境污染，即不能存活。因此，有人将禾虫作为洁净水体的环境指示生物。科学考察显示，珠海斗门镇水域的野生禾虫分布密度最高；莲洲镇自然生态环境最好，这里产出的禾虫质量也最优，在粤港澳大湾区享有最高声誉。莲洲不单获得了中国"禾虫之乡"的美名，还被确定为珠海市国家级生态农业园、国家级农业科技示范基地和生态文明建设示范区。这些奖赏都是得力于装禾虫习俗对自然生态环境的坚守！

我们把目光转向广东内地江河，那里的水面作业另有一番风景。粤东河源的客家人有一种江河作业习俗叫"作鱼梁"。

8. 河源作鱼梁

作鱼梁习俗现在主要流传在河源市连平县田源镇肖屋村一带。古时这里是穷山区，耕地稀缺，但老天爷送给村民一份得天独厚的礼物，那就是在村前流过的水产资源丰富的新丰江。明朝中，肖屋村民就地取材在新丰江上作鱼梁捕鱼为生。

鱼梁，是古人捕鱼的一种方式，春秋时代的《诗经》已有多处吟咏鱼梁的诗句。宋代诗人陆游诗："山路猎归收兔网，水滨农隙架鱼梁。"描述的是当时农家渔猎两业的情景。鱼梁，是在江河水流的湍

鱼梁风貌（连平县文化馆提供照片）

急处，用竹子、木藤、木桩、柴枝、石头等砌筑成长U形或V形的拦水坝，截获游鱼。这种古老的水面作业方式，对鱼类有自然筛选的功能，当鱼逆流而上的时候，强壮的鱼能穿过两侧预留的大孔，越过急流游往上游；小鱼能顺着鱼梁疏阔的竹栅漏回到河里，继续生长；而体力较弱的鱼则被急流冲到鱼梁的"斜坡"上，动弹不得，成了渔人的收获。鱼梁捕鱼，是选择性的捕捞方式，不阻塞河道，也不会过度捕捞损害淡水资源，维护了淡水资源的可持续性利用，是远古中国人科学智慧的结晶。

客家先民把这种先进的淡水捕捞技术从中原带过来。明朝中，客家人落地肖屋，发现新丰江渔业资源十分丰富，便利用这一得天独厚的自然条件，组织男丁建造鱼梁——客家话就叫"作鱼梁"，捕鱼维持生计，沿袭至今，世代相传，形成习俗。让我们去肖屋，看看村民作鱼梁习俗的风采。

作鱼梁，大致要经过集股、备料、搭建、圆梁、聚餐、守梁、收获七个程序。

①集股。这是作鱼梁之前必要的筹备工作。过去，肖屋村的每一

"鱼梁头"同"梁股"合议（连平县文化馆提供照片）

入山伐竹（连平县文化馆提供照片）

座鱼梁都是村人集合股份建造的，合股的人在当地称为"梁股"。按照约定俗成的传统习俗，"梁股"就是鱼梁的持有人，对捕获的鱼有支配权。每年组织新一届作鱼梁的筹备工作，由上一届"梁股"抓阄产生的"梁头"来主持。"梁头"组织村民集资入股，凡是参与出资建造鱼梁的村民就是新一届作鱼梁的"梁股"。"梁头"负责召集"梁股"合议，商量搭建新鱼梁的事宜。

②备料。建造鱼梁的主要材料是木、竹、石、藤等，对各种材料都很有讲究。除了石头，其他都要由"梁股"分组去深山老林寻找。村民辨认和采伐作鱼梁的特殊材料，例如按习俗专项命名的直水树、石笋梗料、杂树、藤、细藤、细横梁、穿旁树、竹料等，这些工作也只有吃苦耐劳、熟悉山况的本地客家人才能胜任。

③搭建。搭建鱼梁工序多达几十项，为保障鱼梁安全，经得起湍急水流的冲击，有较好的渔获，对鱼梁的施工质量控制十分严谨，每个部位的每块木头、每个石桩、每个工序均有习俗规定的专门术语，例如"狗颈木""狗洞""摆石笋""开水""上下身""前后陂"等几十个，如果不经过长年累月的作鱼梁习俗沉浸，是不可能入心的。各部件的尺寸大小、位置高低均有严格讲究。鱼梁的长度一般在30至50多米长，宽度在2至5米，一个部位失准，鱼梁效益就大减了。搭建鱼梁的虽然都是木石竹藤等粗重物料，但却是作鱼梁师傅的精细工程活计。建造

一座鱼梁需要十几人耗时近一个月。

④圆梁。鱼梁建造好后，由村里德高望重的老族人挑选吉日为鱼梁开光，即"圆梁"。开光之日，由"梁头"带领众"梁股"举行祭祀仪式。祭祀时，"梁头"要念诵"鲤嬷大鳁中间来，垃垃叉叉两边开"，或"鱼虾满仓"之类的祝词。先拜祭鱼梁的"伯公笋"。客家人通常亲昵地称土地爷为"伯公"，作鱼梁的时候在一个叫做"笋"的构件上摆块石头作为"伯公"神位，这处就叫"伯公笋"了。"伯公笋"通常就是鱼梁构件建的第八个"笋"，可能有数字吉祥的取义吧；"伯公笋"旁边还有一个很重要的附属建筑，那就是"梁股"值班休息的窝棚，所以"伯公笋"这处地方是很神圣的。圆梁的时候大家在"伯公笋"点烛焚香祝拜，祈求土地伯公呵护，渔获丰收。然后，大家去拜新丰江的显烈公庙——河神庙。很简约的祭祀仪式，就把管理收成的土地和护佑安全的河神都招呼到了。

拜"伯公笋"（连平县文化馆提供照片）

⑤聚餐。圆梁当晚，"梁头"和众"梁股"举行聚餐，预祝新一届鱼梁生产季的开张。聚餐过后，要举行一个很重要的程序就是抓阄。

"伯公箩"旁边"守梁"的窝棚（连平县文化馆提供照片）

因为鱼梁生产季要开始了，"梁股"要轮流到鱼梁上值班。众"梁股"通过抓阄，分配各人值班的日子。

⑥守梁。抓阄的次日，当年的鱼梁生产季正式开始，各"梁股"按照抓阄的排期日夜轮守鱼梁，这叫"守梁"。该班守梁的"梁股"日夜栖身在"伯公箩"旁边的窝棚，餐风宿露。"梁股"值班，要先祭拜"伯公箩"，因为他守梁的渔获，全归他所有，向伯公祈求关照当然必不可少。

⑦收获。守梁24小时换班一次。当值的"梁股"在每天凌晨6时接班，接班前也循俗例先祭拜"伯公箩"，然后交接班。下班的"梁股"就把自己当班的渔获，收取而去。

收获（连平县文化馆提供照片）

　　守梁是"梁股"履行责任和收获权利的统一，抓阄决定是天然的公正合理。渔获丰收，"伯公"的护佑固然功不可没，但守梁的"梁股"管理鱼梁有方，恪尽职守，肯定是更加重要。

　　星移斗转，岁月如梭，肖屋人口繁衍壮大，鱼梁座数增多，肖屋男丁几乎都要参与到鱼梁习俗的生产活动中去，所以传承人多势众，出现了一代又一代的"梁股"和"梁头"。以前，他们除了在肖屋附近作鱼梁讨生活，村里劳动力大多外出建造鱼梁，把这种高超技艺和习俗传播到新丰江流域的其他流段。新丰江流域鱼梁最多的时候达到20多座，连平县田源镇新丰江流域沿线有鱼梁的乡村，也培育起团结友爱、互助合作的民风和严谨精细的作业精神。

　　作鱼梁习俗蕴含着尊重自然、保护生态、勤奋自励的中华优秀传统文化，肖屋人把作鱼梁习俗的基本精神概括为"四严禁""三不准"和"一规定"，立为本宗族的族规祖训，要求子孙后代铭记，发扬光大。"四严禁"：一是建造鱼梁严禁损坏河堤，二是严禁鱼梁堵塞水运航道，三是严禁建造上鱼梁影响下鱼梁的水情，四是严禁妇幼上梁"掌

肖屋振兴作鱼梁文化旅游（连平县文化馆提供照片）

鱼"（守鱼）。"三不准"：一是不准掌鱼人过量捕获亲鱼（即产卵的鱼），二是不准捕获稀有的特殊鱼种，三是不准捕获有放生印记的甲鱼、乌龟及其他放生鱼类。"一规定"：规定既能熟练掌握鱼梁建造技术，又能勇于克服千难万险的人为"梁头"，带领世世代代传承并发展作鱼梁习俗。近几十年，作鱼梁习俗有所创新，"四严禁"中严禁妇幼上鱼梁"掌鱼"这一禁忌已经废除。新丰江上的鱼梁作业也退出了粤东客家人的经济序列，现存的鱼梁大多转型为旅游业态，作鱼梁习俗承载的科学精神和优良传统，仍然引领乡村振兴和农村产业绿色发展。

六、人文湾区

2019年，国务院发布《粤港澳大湾区发展规划纲要》，第一章"规划背景"第一节开宗明义指出，香港、澳门与珠三角九市文化同源、人缘相亲、民俗相近、优势互补，是粤港澳大湾区的"发展基础"之一。我觉得进一步理清粤港澳大湾区的文化根源、民俗内涵，对于建设人文湾区、塑造湾区人文精神是很有帮助的。

香港、澳门两个特别行政区和广东省的广州、深圳、珠海、佛山、东莞、中山、江门七个市，在古代同属广州府，古代的惠州、肇庆两府也在广府文化的辐射圈内，语言、民俗深受广府文化影响。考古发现的资料早已证实香港、澳门与珠三角九市自古以来文化就血肉相连；港澳两地的非物质文化遗产项目在广东省内地都可以找到自己的"同门兄弟"甚至在大中华的远根。

2021年，同处在西江流域的"高要春社"和"澳门土地信俗"经国务院批准列入第五批国家级非物质文化遗产代表性项目名录。我回顾近十余年来行走西江流域考察非物质文化遗产的历程，知道它们都是远古中国社稷崇拜的传承，其渊源可以上溯到数千年前的商周时代，文化上同根而生，双双上榜意义重大。

（一）岭南大地上的"商周遗制"

我们徜徉在岭南乡村，感觉最触目的民间信俗景观，就是点缀在村头、坊间、路口那些古朴的社稷坛，还有坛后的参天大树。

在广东各地城镇化快速发展之前，社稷坛随处可见，数目之多和年代久远，在全国其他地方罕有其匹。但是，其远根却是沿承自远古中原的"商周遗制"。远古中原是中华文明"正源"所在，看历史文献，社稷崇拜作为夏商周三代礼乐文化，渊源相当久远。"社"是土地之神，"稷"是五谷之神。人的活动空间，以土地为承载；人的生命，以谷物来维持。远在蒙昧时代，人就有相关自然现象和自然物的崇拜。从考古学成果来看，夏文化已经透露出远古先民对土地和谷物崇拜的遗痕。商

番禺石基镇水坑村大巷坊
的"聚龙社"

顺德龙江镇沙田村巷口的
"南阳社"

梅州市山区路边大树下的
"伯公"（客家人对社稷
神的尊称）

代，文字诞生，开始以文字来演绎社稷崇拜的全部内容，并且逐渐形成典章制度。

社稷崇拜最早的文字记录出自甲骨文。我从甲骨学大师的研究成果中搜集到释读为"土"的文字：

（1）　　（2）　　（3）
（4）　　（5）　　（6）

甲骨文的"土"字，明显表现出封土、立石或树木等人工建树的意象，上列甲骨文图片之（1）、（3）、（4）是出自殷武丁卜辞的"土"字，甲骨学家解释为"像土块之形"，就是封土立社的意象。

立社，也有用树木的。《论语》载：鲁哀公向宰我询问社的问题，宰我对曰："夏后氏以松，殷人以柏，周人以栗。"就是说夏商周三代以不同的树木为社。上列甲骨文之图（5）、（6），就是植木为社的意象。

现在我们所见的广布在岭南大地上的社稷神主，几乎都是以石为之，这也是渊源有自的。《周礼·春官·小宗伯》："帅有司而立军社"，郑注："社之主盖用石为之"。《淮南子·齐俗训》说"殷人之礼，其社用石"。甲骨学家陈梦家考定商朝"社主亦以石为之"。我认为，上列甲骨文之图（1）、（2）就是立石为社的形象。（甲骨文字及其释读，引用和参考陈梦家《殷墟卜辞综述》和《祖庙与神主之起源》。）

商代甲骨文记载皇家祭"土"，同农业岁时、年成有关的卜辞非常多。例如：甲辰燎于土大牢（甲辰日以太牢燎祭土神）、雨不既其燎于亳土（久雨不停，燎祭亳地的土神）、受年于土（向土神祈求好年成）。这种行为，是此后历朝历代对社稷春秋二祭的先声，春祭向土地祈求好年成，秋祭报答土地的功德。按照先儒的解释，是因为人非土不立，土地产出农作物，祭之所以求地利、报地功，但是土地广博，不可遍祭，所以封土为社，祭社即祭土；五谷众多，不可一一而祭，故立稷而祭之。但在商代畜牧业仍是主要经济部门，只有社祭，还没有稷祭。

周代农业长足发展，中国农作物已种类毕具，黄河流域土地产出激增，稷、黍、稻、粱、豆、麦、桑、麻之盛，为周代文学作品所讴歌。土之贡献大，人之报也丰。作为祈年报功，周朝开始有五谷之神——稷的祭祀，与社祭合成"社稷"之祭。周代是古代中国文物典章根基大奠的时代，礼仪祭典燏燏煌煌，社稷之祭成为大祭礼，正式纳入国家祀典。天子祭社稷以"太牢"大礼，"每岁春秋仲月上戊日"（即春秋季第二个月的第五天）致祭。周朝礼乐典章制度，对进入国家祀典的神灵资格作了明确规定。传说远古周人的祖先稷开拓了农业，是对国家和人民有重大贡献的人，乃得入祀典，把他作为五谷神来祭祀。周代社稷之祭不但比商朝增加了内容，而且制度庄严典重，推动了古代礼乐文明的进步。

周代开始，奠定了古代中国以农立国的基础，社稷——国土与农业是国家命脉。周代社稷的祭祀场所——社稷坛和最能体现当时国家政治核心的宗庙并列一起，皇家建置"右社稷，左宗庙"，以致《礼记·曲礼下》说"宗庙社稷之事"就是国家大事。因而"社稷"在先秦时代已作为国家的代称，社稷之祀断绝，意味着亡国。周代建立祀典的原则影响中国数千年。周朝以降，国家在政令所及的地方都建立社稷坛，以时祭祀。在历史上发展相对落后的岭南，社稷的建置和崇拜之风有了新的演绎空间。

明中叶以降，随着全国经济高涨和珠江三角洲全面开发，珠江三角洲社会经济迅速追步江南，文教事业也兴盛起来，"彬彬乎有邹鲁之风"。岭南社会迅速向中原正统文明趋齐，风俗发生"丕变"，"庶几乎中州"，岭南一方面对本土地方神灵加以改造，使之符合正统祭祀的范型；另一方面大力兴建国家祀典认可的正统神祇，营造合乎祀典规范的祭祀空间。岭南民间社稷坛大量涌现，除了省、府、州、县有官建社稷坛外，乡村、坊巷也配置社稷坛，形成密集的多层级祭祀圈。改朝换代，在北方社稷的建置和崇拜已渐式微甚至消失，但由于各种历史因缘际会，它在岭南的传布空间反而大大拓展，演绎得更加丰富多彩。"高要春社"和"澳门土地信俗"堪称代表作。

2012年，我在高要看到民间对社稷的春祭。在随后的考察中，我发现高要乃至西江流域社稷坛建置数量之多，分布密度之大，实属罕见，于是我开始了西江之行。

（二）西江中游的高要春社

西江，是珠江水系的主干流，流经滇、黔、桂、粤4省（区），流程2200多千米，在磨刀门出海。秦统一岭南，主要的进军路线是取道长江支流湘江，在湘江的上游开凿人工运河灵渠，穿越五岭之一的越城岭，连通西江支流桂江，从今广西的梧州进入西江，数年之后，又改道西江支流贺江，从今肇庆的封开县封川口进入西江。长江——湘江——灵渠——桂江（贺江）——西江干流，是中原和岭南最早的交通干线，西江是远古中原和岭南政治、经济、文化、物流、人流、信息交通的主干"走廊"。在珠江三角洲全面开发之前，西江流域的经济社会发展居于前列。位于西江中游的肇庆历史地位显赫，有东西"两粤咽喉"之称，明初两广总督设在肇庆（当时是高要辖境），有"总制两粤"的职能。肇庆曾经是岭南的政治经济文化中心，也是早期中原文明向岭南传布必经的首途。

我从西江上游沿江而下，见到上文所述的"商周遗制"几乎遍布两粤，我觉得很多蕴涵文化密码的"活化石"需要破解。我在广西的象州、广东肇庆市封开县，看到了不少震撼的场景。

肇庆市封开县罗董镇杨池村龙塘社一座很古朴的社稷坛盖有社亭，匾额上题的"穀我士女"是《诗·小雅·甫田》描述远古先民祭祀社稷的祈年乐歌诗句。社亭前有上盖，这曾经是本村的"社学"，后座的社稷坛露天无遮盖。这种景象促使我做了若干思考。

封开县罗董镇杨池村龙塘社的社亭和匾额上的《诗》句

社亭后面的"龙塘社"社稷坛

其一，我在行走过程中，听到很多同"社"关联的话语。社稷建置和崇拜风俗向民间普泛，深入到民间社会生活的方方面面，其中影响较大的是语言。中华民族的语汇：社学、社会、社群、社区、社教、社交、社情、社众、社日、公社、入社、结社……数不胜数，俱同"社"的风俗有关。由于社稷坛建置在岭南广泛传布，出现了很多同"社"并称的古地名：现今还遍布广东各地的上社、下社、东社、西社、南社、北社等。社稷神主除了题"社稷之神"正号之外，有些还贯以地方小名，例如封开的"龙塘社"。这种做法，在上文所言的甲骨文题写"亳土"（亳地之社）的时代已见端倪。一些同"社"有关的语言是粤人自己的创造，例如"埋社"，就是参加到某组织结社的意思；至于"社日"，原先是指社稷春秋二祭的日子，但这个日子在乡村社会竟成了农时，春社日正是春季农事开始之际。"社"这个日子曾经是中国远古时代二十四节气的补充，后来才弃置不用，但在高要却留下了若干痕迹：清《高要县志》记载"春社，酿钱祀神，秋社依然。祭社分肉，小儿食之使能言，入社后田功毕作"。这里"入社"的"社"，是指农时节令，过了春社之后，所有农事都要动起来了。这虽然是历史遗痕，但在高要百姓中却留下了深刻的记忆。

由于时过境迁，文化空间变动，大家对"社"在语言方面造成的影响已不甚了了，例如"社学"，"社"同"学"的配置，始自远古中原，历朝历代加以制度完善，明中就曾有令"每乡每里俱立社学"。我在珠三角乡村还看到不少"社学"建筑遗存，但已看不到"社"同"学"的标准配置。我在封开看到了这种"社""学"相连的"标配"，是用现场实景来诠释了"社学"的渊源。

其二，《礼记·郊特牲》云："天子大社，必受霜露风雨，以达天地之气也。"就是说土地和五谷必须要通达天地，有阳光雨露的滋润才有生命。商朝灭亡之后，周人在商朝的社之上盖屋，先儒的解释是"丧国之社屋之，不受天阳也"。也就是说，在亡国之社上面建屋，使之不再得到阳光雨露，也就不得翻身，作为对后人的警戒。龙塘社的社亭前有上盖，可为社学，但后座的社稷坛全无上盖，露地见天，这里其实有深沉的文化意蕴。老百姓解释这种做法有很多传说和附会，他们并不考究先儒的微言大义，但对土地和五谷必受天阳的文化意蕴倒是很理解的，广东各地乡村的社亭建设，权宜之计就是在屋顶上必定要留下以通天阳的孔洞。岭南乡村信俗对远古中国传统文化的坚守令人惊异。

封开某村有意大开"天窗"的社稷坛　　顺德杏坛镇逢简村通天透气的社稷坛

前述两点，都是我行走过程中偶然捡拾到的一些碎片，但足见中原的社稷制度和文化在西江流域曾经得到了认真的贯彻，我们仍可从中窥见源自远古中原传统文明的"遗传密码"。

社稷建置和崇拜的风俗向岭南传布，最明显反应是社稷坛数量激增。高要春社的民俗活动，都是以社稷坛组织展开的。我建议高要的非物质文化遗产保护工作者做好调查研究。她们经过几年努力，竟然收集和整理出4000多座社稷坛资料，分布在全高要17个镇街1436条自然村，每村必有社坛。据我所知，这是我国目前发现社稷坛集中数量最多，分布密度最大的地区，这同高要位于"两粤咽喉"，中原传统文明积淀深厚的历史地位极有关系。

高要的社稷坛不但数量多，而且这些社稷坛大多严格遵从了上下左右四石合坛，中置一石，坛后树木的远古形制。高要乡村习见的古老社稷坛，大多露天，底部一块石板，上置一石，同甲骨文Ω的意象极其形似。

20世纪50年代，江苏铜山县丘湾首次发现商代社祀遗址，以四条天然石块插入地中围成，中置的

上下左右四石合坛的"社"

257

方形大石为中心（神主）。据考证，这用石头做的祭坛，就是商代的"社"。（参考俞伟超《铜山丘湾古商代社祀遗迹的推定》，刊于《考古》1973年第5期。）考古发现印证了文献记载。我们现在在高要见到的"社"，多是上下左右四石合坛，中置一石的形制，其实是沿承了相当久远的古制。而这种建制在北方民间多已式微。

明万历中江苏人王临亨奉命入粤，他必定是先去督府所在的高要肇庆报到，后来他的行程远至香山（中山），洞悉澳门情况，归来写下了笔记《粤剑编》，他见"粤中立社，多置一石，意为神之所栖，或依巨木奉祀，亦必立石，不塑神像"，认为这是最符合远古规范而"宛然有古人风"。他没想到远古中原的典章文物，竟然在他原先视为文明不开化的"夷方见之"，深叹"贤于吾乡（江南）远甚"！清雍正八年（1730），河北人张渠来任广东惠州知府，不久升迁肇（庆）罗（定）道员，其行踪必及肇庆。他留下了笔记《粤东闻见录》对社稷坛的描述更加明晰，他看到广东的榕树和木棉树大派用场，"立社者多祀之，以为神所凭依"。他解释说这类树种快长而不成材，"以不材存其天年者也"。快长，利于迅速形成高大树冠；不成材，则可免被人伐用而得立地久远。这是岭南"以为神所依凭"的最适宜树种，颇利于社稷坛普泛民间，以故"各乡俱有社坛，盖村民祷赛之所"。广东人称配"社"之树为"社树"。这种文化现象可谓深得商周时代"植木为社"的旨趣，所不同的是配坛之树选用了更适合岭南风土的适生树种。因为改朝

高要莲塘镇荔枝新村的老榕树根吞噬了它脚下的社稷坛

换代，这种"靠树为坛""立石为社"的人文景观在北方民间已不经见，以故古代的"南下干部"对此大为诧异。

高要4000多座社稷坛同各镇村及坊巷有着传统的专属配置关系，在重要的交通节点通常有个"大社"，在各村村口有一个全村的"众社"，村内坊巷各有次级的"分社"。水口码头、田头等重要经济和生产场所也有社稷坛配置。

高要金利镇要西村大社社坛

高要金渡镇腰岗村的村口社

高要河台镇都权巷口社

高要蛟塘镇洞口村的田头社

高要金渡镇耕沙村的水口社

这种规范的空间配属关系，沿承自远古以来社稷在基层社会配置的传统制度。古代乡村的入住、生产、生活、坊巷交通、治安防卫、公共事务乃至日常红白大事，受到社稷祭祀圈的节制，在古代对维系地方经济社会稳定和发展有一定的功能。在近现代进程中，这些功能渐次消失，但以社稷坛为组织核心的"春社"庆典一直在延续。2013年，"高要春社"成为广东省级非物质文化遗产保护项目。

社稷的春秋祭祀成为民间节庆，由来已久。《诗·小雅·甫田》："以我齐明，与我牺羊，以社以方。我田既臧，农夫之庆，琴瑟击鼓，以御田祖，以祈甘雨，以介我稷黍，以谷我士女。"这是周王祭祀社神和稷神的祈年乐歌，其中也有农夫同乐、迎神赛会的场景。唐诗《社日》："鹅湖山下稻粱肥，豚栅鸡栖半掩扉。桑柘影斜春社散，家家扶得醉人归。"描绘民间在春季祭祀社稷神的盛况。高要春社，不但延续了中国传统民间社祭的亮丽风景线，而且在地方风土化，呈现出更加壮观的风俗画面。

高要春社是西江中下游最多民众参与的民俗盛事，节期从每年俗称"社公诞"的农历二月初二开始，一直延续到三月初。在节期安排上，借鉴了岭南墟期的做法，错开日子庆祝，目的是要使全高要17个镇街1436条自然村或各大社区都有机会轮流参与对方的庆典，这些节庆排期都是各镇村在历史上约定俗成的，整个高要春社要历时一个多月，是岭南节期最长的民间庆典之一。在节前，各村父老召集村民合钱，用于社祭开支；在节期，各镇村集中拜祭本土社稷之神，按照社稷坛在当地配置的层级，先拜全村大社，次及各坊巷和散布各处的小社。随后组织社日庆祝活动，龙狮、粤剧、八音锣鼓、抢炮、庙会出巡、茶果美食等非物质文化遗产异彩纷呈；轮到排期做节的乡村，村民还要为去年生子、挂灯、婚嫁、新居入伙等喜事答谢社公。春社完祭后进入分胙和宴飨高潮，各村社由父老分发酬敬过社稷的祭肉，重现汉代"陈平宰社"的遗风。100多万常住人口的高要，在春社节期会增加数十万宾客，重现古代"桑柘影斜春社散，家家扶得醉人归"的风俗画面。在节后，各村公

社日抢炮

父老"分胙"重现汉代"陈平宰社"的遗风

布社祭开支，筹款余额滚动至下年。

　　高要春社是西江中游的大型民间庆典，现在也是民众参与度最高的文旅盛事，成为社会联谊、营造和谐的巨大文化空间；各镇村由于春社活动而助推交通建设、村容改造、农副产品销售、旅业服务。从中仍可窥见古代乡村社稷配置对地方社会的统合力。

　　2012年我结束西江中游的考察，离开高要时对当地的非物质文化遗产保护工作者说："保护和培育好高要春社，这是将来的国家级项目。"十年后，这个愿望终于实现了！

（三）西江尾闾的澳门土地信俗

我的考察沿西江走廊走向下游，处在西江尾闾部位的澳门，与西江流域在政治、经济和文化诸方面的历史联系源远流长，社稷崇拜也沿西江流布到澳门。古代国家政教所及，澳门有些社稷坛同西江上游高要等地习见的社稷坛如出一辙，保持着四石合坛，中置一石，靠树为坛，不设神像的古风；社稷坛在坊巷、路口、埠头也沿承传统的配置关系。可见澳门社稷信俗，承受了西江走廊传输的中原传统文化"正脉"。

然而，澳门民间对社稷的信俗表现为"土地信俗"，崇敬的是"土地公"——人格化的土地神。澳门土地信俗的远根源自远古中原的社

澳门的社稷坛，仍然保持"靠树为坛"的古风

四石合坛，中置一石，不设神像

同坊巷配置的社稷坛（澳门又称"街头社公"）

同水埠头配置的社稷坛

祭，岭南人也早知道"社"就是土地神，东汉王充《论衡·讥日篇》已有"土地之神"一说，但社稷的人格化应当更早。岭南民间普遍把社稷昵称为有人格的"公"——"社公"或"土地公"，其实是沿承于周秦信俗，《礼记·郊特牲》注疏云："今民谓社神为公"；粤东的客家和潮人昵称社稷为"伯公"：民间私底下的这些昵称其实已经把社稷之神视为亲人了。行走珠江三角洲乡村，农历二月初二的"社日"，通常也被民间做成"社

顺德伦教镇荔村为本村聚龙社做"社公诞"的红招

公诞"或"土地诞"，操持得像给亲人做生日，尽情欢乐饮宴，没有经典所称的"社日"那么文绉绉了。在这个日子之前，各村会张贴红招贴，收集各家的份子钱做诞会。

既然"社"获得了人身，岭南的好些社稷坛也从"中置一石"的形

张贴红招的大树下就是被昵称为"社公"的荔村"聚龙社"

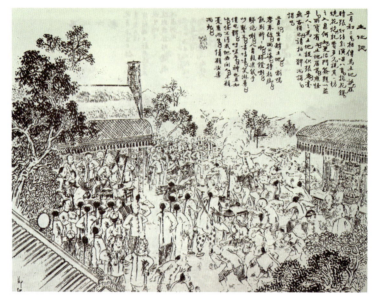

清末广东乡村的土地诞，有烧炮活动（照片来源：广东省立中山图书馆编，《清末民初画报中的广东》，广东岭南美术出版社2012年版）

制改置一位"土地公"。民间赋予他上保风调雨顺、国泰民安，下保家宅平安、万事如意的职能和各种喜庆吉祥的朴素愿望，把他的形象塑造成慈眉善目的老公公，甚至给他配上一个老婆婆，组成一对和蔼可亲的老夫妻。岭南乡村土地神祇和社稷坛通常也就融和并立了。被人格化的是土地神——"社"，在流传过程中获得了另一个封号——福德正神，土地的栖身之所就是广布各地的福德祠。

南海九江乡村的土地两公婆（南海地名文化协会提供照片）

顺德黄连乡村的土地（何福源提供照片）

堂堂皇皇坐正"社"位的顺德乡村土地公（梁钊贤提供照片）　顺德黄连乡村坊巷口的福德祠

广州城隍庙的福德祠

　　于是，澳门民间对社稷的崇拜，又多了另类场所——土地庙（福德祠），据统计，现时澳门供奉土地的大庙宇有近10所，还有数不胜数的土地神祇蹲伏在街头巷尾、商铺家宅的门口，而有些社稷坛，一反传统，去掉了中置的石头神主，换上了土地公。在澳门"土地信俗"中土地公和社稷神其实难分彼此。民间把土地公又称为"大伯公"，而"伯公"之称在粤东的客家人和潮汕人口中既指土地公又指社稷。澳门土地庆诞的诞期是农历二月初二，这也是高要春社的社日，而澳门人也把"土地公"称为"社神"，土地诞又称"社日"。这种土地公和社稷神混同一气的文化现象，反映出社稷人格化的进程。

澳门坊巷的"禄秀社"石主靠边，土地坐正，成了土地公的家

　　澳门这种有别于高要春社而又根魂相属的民间信俗，同它所处的区位可能有一定的关系。澳门原本是香山县东南沿海的半岛和离岛，早期在澳门定居的人大多是浮泛在这一带海面捕鱼或耕种低地沙田讨生活的疍民，形成小村落，地方狭小，立地谋生殊不容易，同曾为两广督府驻地的高要大相径庭。中原文化沿西江流播，社稷崇拜流风所及，澳门人会选择比较简洁的处理手法，随处立地可建的土地神祇，品位不高而又神通广大的土地公公，对他们来说是更接地气的神灵。虽然大家都知道拜土地就是奉祀远古"社"神，但还是比较乐意亲近有人情味的土地公，以故奉祀土地公的大小祠庙社龛林立。澳门永福古社，据说创建于南宋，但里面供奉的不是封土或立石的社主，而是土地公公和婆婆，在澳门人眼中，永福古社就是较大的土地庙。澳门的社稷崇拜，就是以"土地信俗"这样的方式存在和发展。明中叶以降，珠江三角洲全面开发，海外贸易发展，澳门作为东西方贸易的重要港口，往来生意人多，可以随时拜拜的土地公，拥有了更多信众，于是土地公和福德祠被装点得越来越堂皇，压倒独立街头巷子、路口

澳门沙梨头土地庙

水埠的社稷坛，出现了土地公"小神进大庙"的奇观。澳门的沙梨头土地庙（永福古社）、雀仔园福德祠都是西江流域最宏大最堂皇的土地神祇。澳门土地信俗，是民众社稷信仰的主调。

每逢农历二月初二土地诞。澳门民众前往各自所属福德祠、土地庙或街头社公贺诞。各处贺诞活动各有特色，沙梨头土地庙、雀仔园福德祠仍然保持由其坊众值理管理的老传统，集资筹备庆祝活动，形式包括参神祈福、醒狮助庆、上演神功戏、举办宴会及敬老公益活动等，场面盛大。每年庆诞不仅有本地华人社群参与，还吸引许多外地旅客到场观赏，从中感受土地信俗文化氛围，已成为澳门一大民俗特色文化。

行走过西江流域，我知道肇庆、澳门一水相通，在历史上留下了很多文化交流的佳话，高要春社、澳门土地信俗一脉相承，文化上同根而生，都是远古中原社稷崇拜的传承，其渊源可以上溯到数千年前的商周时代。

高要春社、澳门土地信俗是远古中原社稷文化在岭南流播的产物，是社稷在岭南立地风土化结下的丰硕成果。文化人类学研究表明：人们把劳动成果贯注入某一永恒的建筑，这个建筑物就会对周围的人群产生深刻的影响，使得人群聚集在它的周围，创造更多的劳动成果。社稷坛就是这样的"永恒建筑"。社稷坛构筑简朴，所容纳的"劳动成果"极其有限，但它的永恒性不仅是建立在空间上，而且是建立在人心上，成为把人心联结在一起的"根"。

高要春社、澳门土地信俗同属非物质文化遗产"民俗"类，在北京评审时可喜两个项目双双上榜，这是粤港澳大湾区"文化同源、人缘相亲、民俗相近"的典型例证。在人文湾区建设发展中，肇庆等珠三角城市与澳门如何共同培育西江水滋养的文化根魂，在非物质文化遗产保护事业上"优势互补"，致力建设人文湾区，是意义重大的课题。